Das Romanische Café

Géza von Cziffra

Das Romanische Café

herausgegeben und mit einem Nachwort versehen von Ingrid Feix

Berliner Orte

be.bra verlag

Der Abdruck der Texte von Géza von Cziffra erfolgt mit freundlicher Genehmigung der Herbig Verlagsbuchhandlung, Stuttgart (© 1981 by F.H. Herbig Verlagsbuchhandlung GmbH, München)

Die Zeichnungen in diesem Buch sind vom Maler, Grafiker und Stammgast im Romanischen Café Emil Orlik. (Aus: »95 Köpfe von Orlik«, 1920, und »Neue 95 Köpfe von Orlik«, 1926)

Bibliografische Information der Deutschen Nationalbibliothek
Die Deutsche Nationalbibliothek verzeichnet diese Publikation in der Deutschen Nationalbibliografie; detaillierte bibliografische Daten sind im Internet über http://dnb.d-nb.de abrufbar.

KulturBrauerei Haus 2
Schönhauser Allee 37, 10435 Berlin
post@bebraverlag.de
Umschlag: Manja Hellpap, Berlin (Foto: Im Romanischen Café um 1924/bpk)
Satz: typegerecht, Berlin
Schrift: Stempel Garamond 10/14pt
Druck und Bindung: Friedrich Pustet, Regensburg
ISBN 978-3-89809-164-0

www.bebraverlag.de

Inhalt

Das Romanische Café, 1926

Das Romanische Café

Das Café, in dem so viele Schöngeister verkehrten, war alles andere als schön. Aber es war, im Gegensatz zum Café des Westens, durch die riesigen Fenster, die das Licht gleich von zwei Straßenseiten in den hohen Raum ließen, hell und freundlich. Die lange und breite Terrasse des Romanischen Cafés, das sich in einem großen und pseudoromantischen Stil erbauten Eckhaus befand, reichte von der Tauentzien- bis zur Budapester Straße. Wenn man durch die Drehtür, die fast unentwegt rotierte, das Café betrat, stand man vor der Entscheidung: links oder rechts. Dies war keineswegs ein politisches Problem. Eine politische Rechte gab es im »Romanischen« nicht, höchstens einige wenige, die später, nämlich nach 1933, umgefallen sind. Wie zum Beispiel der allzu progressive Arnolt Bronnen, einst Bert Brechts bester Freund und Kampfgefährte, der Autor des expressionistischen Stücks »Vatermord«, der später im Mozartsaal bei der Premiere von Erich Maria Remarques »Im Westen nichts Neues« an der Spitze einiger junger SA-Männer weiße Mäuse in den Zuschauerraum laufen ließ.

Links von der Drehtür lag der kleinere Teil des Cafés mit etwa zwanzig Tischen, die andere Seite mit der tischbestückten Balustrade war zirka dreimal so groß. Die linke Seite hieß, »Die Schwimmer«. Die Arrivierten saßen links, auch die weniger Arrivierten, die sich aber durch Schreiberei immerhin über

Wasser halten konnten. Die »Nichtschwimmer« saßen rechts. Es waren teilweise abenteuerliche Gestalten, Vorfahren der Hippies, aber mit durchaus bürgerlichen Ambitionen, abgesehen von einigen hartnäckigen Anarchisten. Auf der Balustrade saßen die »Mondbewohner«, die weltentrückten Schachspieler, und unter ihnen kein Geringerer als der Schachweltmeister Emanuel Lasker.

Es gab allerdings bei den Nichtschwimmern auch einen Prominententisch, von dem später noch die Rede sein wird. Ein normaler, braver Bürger geht ins Kaffeehaus, um einen Kaffee zu trinken, einen Kuchen zu essen, um sich auszuruhen. Die Besucher des »Romanischen« kamen aber hierher, um zu arbeiten oder zu kämpfen. Gegen den Freund am gleichen Tisch, gegen den Feind am Nebentisch, mitunter gegen die ganze Welt. Freilich nur mit Bleistift und gedruckten Worten.

Andere wiederum, zumeist die Dichter und Schriftsteller, zogen sich trotz lärmender Umgebung in sich selbst zurück wie in ein Schneckenhaus, als ob sie an einem einsamen Schreibtisch saßen, um wichtige oder gar unsterbliche Werke zu schaffen. Zu ihnen gehörte auch der Bühnenautor Franz Molnár, der Schöpfer des »Liliom«, der einmal in einem Interview sagte, das er im »Romanischen« gab: »Es wäre schön zu wissen, wie viele Meisterwerke hier in diesem Café, an diesen kleinen runden Tischen entstanden sind.«

Das »Romanische« war für viele Künstler Zuhause, Heimat, Anfang und Ende. Kurt Tucholsky, der viel herumreiste, weil es ihn an einem festen Ort nie lange hielt, sagte: »Alle Wege führen nach Berlin zurück. Und ins Romanische.«

Von dem berühmten Schauspieler Max Pallenberg, der einmal eine Reise um die Welt gemacht hatte, kursierte damals eine hübsche Anekdote. Als er nach einem Jahr zurückkehrte, fragten ihn die Journalisten, welche Stadt ihm denn am besten gefallen habe. Pallenberg breitete die Arme aus und rief: »Berlin!«

»Berlin« war damals ein Zauberwort, die Stadt hatte eine magische Anziehungskraft auf alle deutschsprachigen Künstler, auch wenn sie diese Sprache mit österreichischem, böhmischem oder gar ungarischem Akzent sprachen.

In den ersten Tagen meines Aufenthaltes in Berlin, als ich die Sitten und Gebräuche im Romanischen Café noch nicht kannte und ausnahmsweise ohne Deborahs Begleitung das Lokal betrat, setzte ich mich rechts in die Nichtschwimmerabteilung gleich neben der Drehtür an den einzigen leeren Tisch. Ich ahnte nicht, dass dieser für die prominenten Maler Liebermann, Slevogt, Orlik, Carl Hofer und andere nicht minder berühmte reserviert war. Kaum hatte ich mich hingesetzt betrat mit vorsichtigen Schritten ein alter Herr das Café, sagte »Tach!«, und setzte sich. Dann musterte er mich prüfend und fragte in unverfälschtem Berlinisch: »Wessen Sohn sind Se, mein Junge?«

»Meines Vaters Sohn «, antwortete ich etwas gereizt, weil ich die Frage albern fand.

Der alte Herr lachte: »Ick wollte Ihnen ja nich beleidjen, ick dachte nur, Se müssen der Sohn sein von einem Stammtischbruder. Von Slevogt oder so.«

Ich hatte keine Ahnung, wer dieser Slevogt war, konnte aber nichts mehr fragen, da ein diensteifriger Kellner zum Tisch stürzte und den alten Herrn begrüßte: »Oh, Herr Professor! Sie waren aber lange nicht bei uns!«

»Wenn man uff die Achtzich zujeht, liegt Wannsee am Ende der Welt«, sagte der alte Mann und fügte noch hinzu: »Eenen Cognac ha' ick verdient.«

»Einen Cognac«, wiederholte der Kellner und fragte dann den alten Herrn: »Und der junge Herr?«

»Det müssen Se ihn selber fragen.«

Der Kellner staunte: »Gehört er nicht zu Ihnen, Herr Professor?«

Der alte Herr schüttelte den Kopf: »Nee. Er saß hier am Tisch, als ick 'rinkam.«

Der Kellner schnappte nach Luft, er bemühte sich jedoch, höflich zu sein: »Das ist hier ein höchstreservierter Tisch! Setzen Sie sich bitte anderswohin.«

Eine Entschuldigung murmelnd stand ich auf, stellte aber fest: »Es stand kein Schild auf dem Tisch.«

»Kein Schild auf dem Tisch!«, rief der Kellner empört. »Ganz Berlin weiß, für wen dieser Tisch reserviert ist!«

»Ich nicht«, erklärte ich störrisch und wollte gehen, aber der alte Herr hielt mich zurück: »Setzen Se sich!« Dann zum Kellner: »Bringen Se zwei Cognacs, Emil.«

Emil ging, ich setzte mich wieder. Der alte Herr, dem mein schauderhaftes Deutsch offenbar aufgefallen war, fragte mich: »Sind Se aus Ungarn?«

Ich nickte.

Er sagte anerkennend: »In Ungarn jibt et verdammt viel jute Maler. Sind Se ooch eener?«

Ich schüttelte den Kopf: »Nein. Ich bin Journalist.«

Der alte Herr gab sich großzügig: »Muß es ooch jeben.« Dann prostete er mir mit dem Cognac, der inzwischen serviert war, zu und fragte: »Wie sind Se herjekommen?«

Ich erzählte ihm, dass mein Geburtsort in Siebenbürgen nach dem Ersten Weltkrieg an Rumänien angeschlossen worden war und ich von dort, den breiten Maros-Fluss durchschwimmend, bei Nacht und Nebel nach Ungarn geflüchtet war, mir dort aber die kommunistische Diktatur des Béla Kun und die daraus folgende des Nikolaus Horthy nicht gefallen hatte, so dass ich mich entschloss, über die grüne Grenze nach Österreich zu türmen. Nach einem etwa zwei Jahre dauernden Aufenthalt in Wien im Café Central und im Café Herrenhof sei ich nun hier in Berlin gelandet, im »Romanischen«.

Der alte Herr hörte mir die ganze Zeit schmunzelnd, aber anscheinend ungläubig zu. Als ich mit meinem Bericht zu Ende war, fragte er: »Kennen Se den Jrafen Cagliostro?«

»Persönlich nicht«, lautete meine Antwort, und ich wunderte mich selber über meine Frechheit.

Der alte Herr lachte: »Det dacht' ick mir. Aber Sie wissen, daß er der jrößte Lügner seines Jahrhunderts war. Er machte Jold, verkoofte Schönheitswasser, legte Kaiser und Könige rein, Bischöfe und Kurtisanen in janz Europa; nur in Berlin konnte er keenen Blumentopf jewinnen. Nach drei Tagen haute er ab und erzählte überall: Berlin is eene widerliche Stadt, keen Mensch jloobt eenen wat.«

Es dauerte eine Weile, bis ich begriff, dass der alte Herr meine Geschichte nicht glaubte, aber ich konnte nicht mehr protestieren, denn zwei andere ältere Herren traten an den Tisch, und ich musste den Platz räumen. Ich bedankte mich für den Cognac, verließ den Tisch und gleich auch das Kaffeehaus, nicht unbedingt wütend, aber doch etwas verärgert.

Meine Reaktion war deshalb so gemäßigt, weil mein Gesprächspartner nicht der erste gewesen war, der meiner Geschichte keinen Glauben geschenkt hatte, obwohl sie doch stimmte.

Am nächsten Tag erfuhr ich, wer der ungläubige alte Herr gewesen war.

Ich saß mit Deborah Pollak allein an einem Tisch, als sich plötzlich ein Herr zu uns gesellte. Er nahm Platz und reichte mir die Hand: »Ich bin Dr. Erich Doter.«

»Ein guter Freund von mir«, ergänzte Deborah die Vorstellung.

So lernte ich Dr. Doter kennen, von dem schon oft die Rede gewesen war. Und gleich darauf auch sein Hobby.

»Sie haben sich gestern sehr angeregt mit Liebermann unterhalten. Hat er Ihnen etwas Lustiges erzählt?«

Bevor ich die Frage beantworten konnte, musste ich meine Verwunderung loswerden: »Liebermann? Der alte Herr war Max Liebermann?«

Jetzt wunderte sich Dr. Doter: »Sie wussten das nicht?«

»Nein«, gab ich ehrlich zu und schilderte, so gut ich konnte, die ganze Unterhaltung.

Dr. Doter amüsierte sich, zog plötzlich ein Büchlein aus der Tasche und machte sich Notizen.

»Sie müssen wissen, ich sammle Anekdoten.«

»Deshalb nennen wir ihn Anekdoterich«, klärte mich Deborah auf.

Der sogenannte Slevogt-Tisch war absolut gleichbedeutend mit Arriviertheit und Establishment, auch wenn man das letztere Wort damals noch nicht wie im heutigen Sinne gebraucht hat. Alle Maler, die an diesem Tisch ihren Kaffee oder ihren Cognac tranken, waren gutsituiert und bürgerlich. Auch die Malerkollegen aus anderen Städten, die hin und wieder als Gäste den Stammtisch besuchten, wie zum Beispiel Max Beckmann, gehörten zu den Etablierten. Diese Tatsache störte aber die unzähligen namenlosen jungen Maler nicht, die die Nichtschwimmerabteilung des »Romanischen« bevölkerten. Gewiss waren sie Bilderstürmer, suchten teilweise neue Wege, aber sie verdammten nicht alles bereits Dagewesene in Grund und Boden, wie es heute Mode ist, sondern zollten den lebenden Klassikern eine gewisse

Der Maler Max Slevogt, 1924

Achtung. Sie pflegten sogar beim Vorbeigehen an dem Klassikertisch kurz stehenzubleiben und eine knappe Verbeugung zu machen.

Der Erfinder des »Kniefalles« war John Höxter, der langmähnige Maler aus dem Ort Höxter in Westfalen, der sich als Maler und Karikaturist nur einen kleinen, als Schnorrer aber einen großen Namen gemacht hat. Natürlich konnte er nicht Anton Kuhs Höhe erreichen, dazu fehlte es ihm an Esprit, aber witzig war er auch. Als die literarische Welt sich über die Frage stritt, wer der größere Romancier sei, Thomas Mann oder sein Bruder Heinrich, dichtete Höxter sarkastisch:

Wenn mancher Mann wüsste,
Wer Thomas Mann wär',
Tät mancher Mann Heinrich Mann
Manchmal mehr Ehr'.

Darüber war sich die literarische Welt einig, dass gewiss die höheren Zuwendungen Heinrich Manns Höxter zu diesem Poem inspiriert hatten. Der Thomas nämlich war als übertrieben sparsam bekannt. Eine Eigenschaft, die Höxter ganz und gar nicht liebte und die er auch nicht akzeptierte. Manchmal konnte er sogar grob werden. Er kannte ganz genau die Finanzkraft seiner Opfer, und er hätte sie nie überfordert. Mich zum Beispiel hat er drei Jahre lang in Frieden gelassen. Erst, als mein Name immer öfter unter einer Novelle oder einem Artikel zu lesen war, nahm er von mir als bescheidener Geldquelle Kenntnis. Eines Tages klopfte er mir auf die Schulter: »Cziffra, Sie stehen auf meiner Liste. Mit fünfzig Pfennigen pro Tag. Sie können auch mehr zahlen, aber ›von‹ sage ich nicht zu Ihnen.«

Wir einigten uns dann auf eine Mark fünfzig pro Woche.

Die Verbeugungszeremonie vor dem Slevogt-Tisch hatte ganz bestimmt in Finanzen ihren Ursprung. Wie dem auch sei, hübsch war sie. Es gab allerdings einige, die sie nicht befolgten: die Dadaisten. In erster Linie John Heartfield, ... als er in Sachen seines Bruders in das alte Café kam, und George Grosz. Sie hassten alles Herkömmliche, alles Bestehende – zumindest taten sie so. Zu ihnen gehörte auch John Heartfields großer Bruder, Wieland Herzfelde, der Inhaber des Malik-Verlages, der aber keine dadaistischen Bücher herausgab, sondern kommunistische. Er wurde angeblich von den Russen finanziert.

Der Maler Otto Dix gehörte auch zu der Tischrunde und ebenfalls sein Freund Rudolf Schlichter, der als Schuhfetischist galt, weil er vorwiegend Damen zeichnete, die auf der Tauentzienstraße fleißig auf und ab spazierten. Ihren bis zum Knie geschnürten Schuhen widmete Schlichter viel Aufmerksamkeit.

Im Jahre 1923 hat er den Schreiber dieser Zeilen porträtiert, obwohl der niemals hochgeschnürte Schuhe trug. Das Bild hängt

Der Maler Max Liebermann, 1905

heute in der Nationalgalerie der Staatlichen Museen in Berlin (Ost).

In unmittelbarer Nachbarschaft war der Tisch der Theaterdirektoren, an dem meistens keine Theaterdirektoren saßen, dafür aber um so mehr Schauspieler und Schauspielerinnen, die mal kurz in das Romanische Café hereinschauten, um Kontakte mit Direktoren, Kritikern, Journalisten zu knüpfen. Max Reinhardt, der größte und mächtigste Theaterdirektor der zwanziger Jahre, kam auch oft hierher, aber er setzte sich nicht an den Direktorentisch, wo ihm meistens mehrere Schauspieler auflauerten, sondern in die andere Abteilung an den Slevogt-Tisch. Seine Besuche waren fast immer geschäftlicher Natur: Slevogt und Orlik arbeiteten für ihn als Bühnenbildner und waren oft mit ihren Arbeiten zu spät dran. Sie mussten ermahnt werden. Reinhardt, der für die Ausstattung seiner Aufführungen viel Geld aufwendete und manchmal auch prunkvolle Einladungen gab, für sich selbst aber möglichst wenig ausgab, hatte für Emil Orlik eine ganz spezielle Ermahnung: »Das wird Ihren Bruder einen Anzug kosten!« Nur wenige Eingeweihte wussten, dass Emil Orlik in Prag einen Bruder hatte, der eine erstklassige Schneiderei betrieb, und für Reinhardt oft zu Spottpreisen Anzüge lieferte.

Zu den häufigsten Besuchern des Direktorentisches gehörten seine Begründer, die Dioskuren Meinhard und Bernauer. Die beiden waren, seitdem sie mit den »Bösen Bubenbällen« und später mit dem Berliner Theater in der Charlottenstraße sehr viel Geld verdient hatten, privat und geschäftlich unzertrennlich. Das ging so weit, dass man über keinen von beiden als Einzelperson sprach. Wenn jemand durch Zufall Carl Meinhard allein auf dem Ku'damm traf, berichtete er über diese Begegnung bestimmt mit den Worten: »Ich habe Meinhard und Bernauer getroffen.« Das gleiche wurde gesagt, wenn jemand Rudolf Bernauer in einem seltenen Fall allein auf der Straße oder im Theater begegnet war.

Den Herren Meinhard und Bernauer spielte einmal Fridericus Rex einen witzigen Streich. Natürlich nicht der echte König, sondern der Schauspieler Otto Gebühr, der seit 1923, seit dem ungeheuren Erfolg des Films »Fridericus Rex«, den Alten Fritz unzählige Mal im Film gespielt hatte.

Mit der Person Otto Gebühr sind viele Anekdoten verbunden. Es ist an sich schon eine Anekdote, das der monumentalste deutsche historische Film von einem Ungarn inszeniert worden war, der bis dahin mit dem Film überhaupt nichts zu tun hatte, denn Arzén von Cserépy war Autohändler, bis er sich plötzlich entschloss, Filme zu machen. Nach einem Roman von Walter von Molo inszenierte er in dreiundzwanzig gewaltigen Bildern eine Geschichte um den Soldatenkönig, mit Otto Gebühr, der mit Friedrich dem Großen tatsächlich eine gewisse Ähnlichkeit hatte. Der Film löste eine wahre Fridericus-Epidemie aus. Es folgte eine große Anzahl zuerst stummer, dann, nach der Erfindung des Tonfilms, sprechender Filme über den Alten Fritz: »Das Flötenkonzert von Sanssouci«, »Die Tänzerin Barberina«, »Der Alte Fritz«, »Der Choral von Leuthen« und so weiter. Und in jedem dieser Filme wurde Friedrich II. von Otto Gebühr gespielt, was Folgen zeitigte. Das hatte es in der Geschichte des Films noch nie gegeben, daß das Publikum einen Schauspieler so sehr mit der Rolle identifizierte, wie Gebühr mit dem Flöte spielenden König. Auf der Straße wurde er von fremden Menschen mit ehrfürchtigem Hutabnehmen gegrüßt, doch diese Ehrfurcht galt mehr dem König als dem Schauspieler – behaupteten Otto Gebührs Neider. Und die hatte er genug. Allerdings trug er einiges dazu selber bei; er spielte auch oft im Privatleben allzu gerne den großen König.

Den Feuilletonredakteur des Berliner Tageblattes, Fred Hildebrandt, knurrte er einmal an, als dieser ihn in einer Drehpause während der Arbeiten zum »Choral von Leuthen« interviewen wollte: »Merkt Er nicht, dass Er mich stört?«

Hildebrandt ließ im Tageblatt eine Glosse los, und Gebühr hatte den Schaden. Wenn er das »Romanische« betrat, standen an den Tischen, an denen er vorbeigehen musste, um zu seinem Stammtisch zu gelangen, alle Anwesenden auf und verbeugten sich devot: »Majestät …«

Anfänglich amüsierte sich Gebühr darüber, aber später, als der Spott immer deutlicher wurde, ärgerte er sich. Eines Nachmittags, als er wieder einmal den Alten Fritz spielte, ließ er sich aus dem Babelsberger Ufa-Atelier in der Maske des Königs, in voller Montur, begleitet von den beiden Windhunden zum »Romanischen« fahren. Als er die Nichtschwimmerabteilung betrat, verstummte an allen Tischen das Gespräch. Sprachlos starrten die Gäste den leibhaftigen König an. Dieser klopfte mit seinem Krückstock auf einen Tisch: »Meine Herren, wer es wagt, aufzustehen und sich zu verbeugen, wird von den Hunden zerfleischt!«

Gelächter und Applaus dankte ihm den Auftritt. Otto Gebühr fuhr ins Atelier zurück, und im »Romanischen« wurde er nie mehr mit dem albernen »Majestät« belästigt.

Einmal allerdings wurde er im Spaß noch über den großen König erhoben.

Im »Romanischen« debattierte man an einem Tisch über große Männer. Die Frage lautete: Wer war größer und berühmter, Napoleon oder Fridericus? Fritz Kortner bemerkte: »Ich finde, der Alte Fritz wurde über Gebühr berühmt.«

Aber zurück zu Meinhard und Bernauer.

Die Geschichte ereignete sich in der Steinzeit des Stummfilms, als namhafte Schauspieler sich von der verpönten Filmerei vornehm zurückhielten und die bewegten Bilder »Afterkunst« nannten. Die Theaterdirektoren sahen es auch nicht gern, wenn die Mitglieder ihrer Theater filmten. Manche nahmen sogar eine Filmverbotsklausel in die Verträge auf; allen voran Meinhard und Bernauer.

Otto Gebühr besaß auch so einen Vertrag, allerdings noch vor seinem Fridericus-Serien-Erfolg, also zu einem Zeitpunkt, als Friedrich II. noch berühmter war als sein späteres Double. Aber ein guter Schauspieler war er damals schon, und so bekam er ein sehr lukratives Filmangebot. Er hätte an einem Drehtag mehr Geld verdienen können als bei Meinhard und Bernauer in einem Monat. Dass die Dioskuren ihn für den Film nicht freigeben würden, das wusste er; so dachte er sich eine List aus. Er fragte im Büro Carl Meinhard: »Herr Direktor, darf ich mich morgen fotografieren lassen?«

»Natürlich«, brummte Meinhard, der sich gerade mit einem Steuerbescheid herumplagte.

Bernauer, der an einem zweiten Schreibtisch saß, mischte sich ein: »Aber nicht für unser Geld!«

»Selbstverständlich nicht, Herr Direktor. Ich frage nur, weil ich mich öfters fotografieren lassen möchte und ...«

Meinhard unterbrach ihn gereizt. »Hören Sie, Gebühr, ich bin gerade dabei, das Finanzamt zu bescheißen, und Sie trampeln auf meinen Nerven mit idiotischen Fragen herum! Lassen Sie sich meinetwegen zehntausendmal fotografieren, aber mich lassen Sie jetzt in Ruh!«

Gebühr ging und filmte, aber die guten Kollegen verpfiffen ihn bei Meinhard und Bernauer. Diese stellten ihn zur Rede: »Herr Gebühr, Sie haben gefilmt. Das ist Vertragsbruch.«

Gebühr erklärte scheinheilig: »Aber meine Herren Direktoren, Sie haben es mir doch erlaubt!«

»Niemals«, protestierten die beiden unisono. »Wann soll das gewesen sein?«

Gebühr trumpfte auf: »An dem Nachmittag, als Herr Direktor Meinhard nach eigenen Angaben gerade dabei war, das Finanzamt zu bescheißen. Er hat mir gesagt, ich kann mich auch zehntausendmal fotografieren lassen, wenn ich will. Und der Kameramann unseres Films hat ausgerechnet, dass meine Filmszenen insgesamt aus 5.670 Einzelbildern bestehen, also 4.330 Bilder weniger als erlaubt ...«

Die beiden Direktoren waren zum ersten Mal in ihrem Leben sprachlos.

In den zwanziger Jahren gab es in Berlin etwa zweiundfünfzig Theater, aber keineswegs zweiundfünfzig Direktoren. Schätzungsweise gab es etwa zwanzig Theatergewaltige, von denen allerdings mancher gleichzeitig über zwei oder drei Bühnen verfügte. Max Reinhardt sogar zeitweise über fünf. Die Gebäude, in denen sich die Theaterräume befanden, gehörten, mit Ausnahme der staatlichen oder städtischen Bühnen, Bankhäusern oder Versicherungsgesellschaften, die ihre Pächter mit dem gesamten Ensemble rücksichtslos auf die Straße setzten, wenn diese die Pacht allzu lange schuldig blieben. Das bedeutete damals, dass die Direktoren im Jahre mehrere Monate untätig spazieren gehen mussten, allerdings nur scheinbar untätig, denn in Wirklichkeit waren sie dauernd auf der Suche nach einem neuen, für Theaterzwecke geeigneten Saal, und vor allem: nach einem neuen Finanzier. Das Wort Subvention kannte man ja damals für Privattheater noch nicht. In den zwanziger Jahren entschied über Wert und Unwert eines Stückes oder einer klassischen Aufführung der Kritiker, aber über den Erfolg einzig und allein das Publikum.

Ob ein Direktor Erfolg hatte oder nicht, das war an ihrem Stammtisch im »Romanischen« ablesbar. Wenn sie gerade ein Erfolgsstück spielten, glänzten sie durch Abwesenheit. Meistens hatten sie keine Zeit, sie hatten es nicht nötig, neue Kontakte zu suchen, und außerdem wollten sie sich nicht den »Belästigungen« der Schauspieler aussetzen, die um Rollen baten. Wenn sie aber durchgefallen und ihr Theater losgeworden waren, dann waren sie wieder da.

Zu den glücklosen Direktoren gehörte auch der ehemalige Theaterprinzipal Eugen Robert, der aus Ungarn nach Berlin gekommen war und vergeblich versucht hatte, ein Theater zu mieten. Er schlug sich mit kleinen Regierarbeiten durch, und plötzlich verschwand er vom Stammtisch. Man nahm an, er sei, seiner Erfolglosigkeit müde, nach Ungarn zurückgekehrt. Eines Tages jedoch berichtete der junge rumänische Karikatu-

Der Theaterintendant
Max Reinhardt, 1918

rist Jonesco, der in Ermangelung des Fahrgeldes oft den weiten Weg vom Kurfürstendamm nach dem Zeitungsviertel zu Fuß machen musste, dem Journalistenstammtisch aufgeregt, dass er Eugen Robert in der Stresemannstraße getroffen habe, vor einem Baugelände stehend, und dass Robert behauptet hätte, er sei der Bauherr, er ließe hier ein Theater entstehen.

Kein Mensch glaubte Jonesco, der immer in Geldnot war und für einen Zahnmarkschein die abenteuerlichsten Geschichten erfand und damit schon manchen Journalisten hereingelegt hatte. Aber Jonesco schwor Stein und Bein, dass er die Wahrheit sage, und schließlich entschloss sich Egon Erwin Kisch, der berühmte »rasende Reporter«, Geld für ein Taxi zu opfern und in die Stresemannstraße zu fahren, um nachzusehen. Jonesco nahm er als Pfand mit.

Und in der Tat: Robert stand vor einem Baugelände und schaute andächtig zu, wie ein großer Stein auf den anderen geschichtet wurde. Robert behauptete auch Kisch gegenüber steif und fest, er sei der Bauherr. Auf Kischs Frage, wie er auf die verrückte Idee käme, ein Theater zu bauen, wo doch überall leerstehende Theater zu mieten seien, antwortete Robert: »Die Sache ist ganz einfach. Wenn man ein Theater pachten will, muss man mindestens für drei Monate eine Kaution hinterlegen – aber ich habe weder Geld noch Kredit. Das einzige, was ich auf Kredit bekommen konnte, waren diese großen Steine. Ich musste also bauen.«

So entstand das Hebbel-Theater.

Zwei Jahre spielte Robert hier en suite das »Spiel im Schloß« von meinem Landsmann Franz Molnár … Später vermietete Robert, »erschöpft vom Erfolg«, das Theater an Meinhard und Bernauer, die hier die in Odessa geborene Schauspielerin Maria Orska in verschiedenen Strindberg-Stücken auftreten ließen. Die Orska, oft nächtlicher Gast im »Romanischen«, war auch im Privatleben eine skandalumwitterte, strindbergsche Figur; sie verfiel später dem Morphium und erhängte sich schließlich in einem Zimmer des Hotels Adlon.

Noch eine Theatergründung ist mit einer Anekdote verbunden; die Gründung der »Tribüne« in Charlottenburg am Knie. Der engagementlose Regisseur Karl-Heinz Martin traf sich mit dem ebenso stellungslosen Schauspieler Fritz Kortner. Die beiden klagten sich gegenseitig ihr Schicksal. Kortner stöhnte: »Ich muss in die Provinz. An Reinhardt kommt man nicht heran, und sonst besitzen in Berlin nur Direktoren Theater, mit denen ich zurzeit total verkracht bin.«

»Mir geht es genauso«, seufzte Martin. »Es bleibt uns nichts anderes übrig, als ein eigenes Theater zu gründen. Einen Mann mit ein bisschen Geld habe ich schon an der Angel.«

So entstand die »Tribüne«, ein kleines geschmackvolles Theater, ohne Prunk und Putz, sogar fast ohne Rampe, die Bühne erhob sich kaum einen Meter über den Zuschauerraum. Auf dieser winzigen Bühne standen schiefe, expressionistische Dekorationen à la »Caligari«, als Kortner seinen ersten Auftritt in Ernst Tollers »Wandlung« hatte. Der Dichter selbst saß nicht im Zuschauerraum, sondern über tausend Kilometer entfernt im Zuchthaus von Kulmbach. Er war aktives Regierungsmitglied der revolutionären Räterepublik gewesen, und man hatte ihn dort eingesperrt. Später wurde er dann lange Zeit aktives Mitglied des Bert-Brecht-Stammtisches im »Romanischen«.

Seinen großen Durchbruch verdankte Kortner jedoch nicht der »Tribüne«, sondern Leopold Jessner, dem damals neuernannten Intendanten des Staatstheaters am Gendarmenmarkt. Wenn der Herr Intendant sich am Direktorenstammtisch blicken ließ, erzählte er oft genüsslich die Geschichte von Kortners Entdeckung:

»Ich wollte kurz nach meiner Ernennung zum Intendanten mit dem Zug nach Königsberg, wo ich bis dahin als Regisseur gearbeitet hatte. Ich stand am Fenster und kaufte mir gerade eine Zeitung, als ich einen ungeheuer hässlichen Mann erblickte, der mit einer Fotografie in der Hand den Zug entlangeilte und alle, die am Fenster standen, aufmerksam musterte und mit dem Bild verglich. Mich betrachtete er längere Zeit, dann fragte er:

›Sind Sie der Herr Intendant Leopold Jessner?‹

›Seit zwei Tagen‹, antwortete ich.

›Und ich bin seit zwei Tagen in Berlin‹, sagte der Mann, während er sich den Schweiß von der Stirn wischte, ›und ich suche Sie überall. Ich will bei Ihnen spielen.‹

›Was?‹, fragte ich belustigt.

›Am liebsten den Mephisto.‹

›Sind Sie jetzt schon als Mephisto geschminkt, oder sehen Sie immer so aus?‹, fragte ich, während der Zug sich schon in Bewegung setzte.

Der Mann lief neben dem Zug her und rief: ›Ich sehe immer so aus!‹

›Kommen Sie in zehn Tagen in mein Büro!‹, schrie ich, und weg war ich.«

So wurde Fritz Kortner für das Staatstheater engagiert, und so begann eine einmalige Schauspielerkarriere. Gleich nach seiner ersten Rolle als Landvogt Gessler in »Wilhelm Tell« schrieb Alfred Kerr: »Das ehemalige königliche Theater am Gendarmenmarkt war gestern Abend zum ersten Mal wahrhaft königlich.«

Die Könige der heiteren Muse waren die Gebrüder Rotter, die in Wirklichkeit Schaye hießen. Sie waren sehr dick sehr zielstrebig und sehr wenig beliebt. Tucholsky nannte sie in der »Weltbühne« nur »die beiden Bindelbands«. Was auch immer das bedeuten mochte, der Name blieb ihnen erhalten.

Das Hauptziel der »Bindelbands« war, Geld zu verdienen. Und das taten sie auch Jahre hindurch, obwohl sie Gesangstars wie Gitta Alpár oder Richard Tauber horrende Gagen zahlten. Die beiden Herrscher über die heitere Muse waren offenbar keine heiteren Menschen; in der Kartei von Herrn Dr. Doter befindet sich keine einzige Anekdote über sie, was beweist, dass sie auch nicht über die winzigste Portion Humor verfügten. Aber über ihr tragisches Ende hat Dr. Doter berichtet: Die Gebrüder Rotter flüchteten vor Hitler in die Schweiz, von dort entführten Nazi-Agenten sie nach Deutschland. Sie starben in einem Konzentrationslager.

Der eleganteste Mann des Direktorenstammtisches war Viktor Barnowsky; er trug den Spitznamen »der Einlage-Viktor«, und zwar aus doppeltem Grund: Er war klein von Wuchs, aber sehr eitel, und so pflegte er, um größer zu erscheinen, Schuhe mit hohen Einlagen zu tragen.

Außerdem dachte er sich, um auch künstlerisch größer zu erscheinen, für seine Aufführungen immer irgendeinen »künstlerischen Firlefanz« als Einlage aus. So jedenfalls nannte Alfred Kerr Barnowskys Einfall, in Shakespeares »Sommernachtstraum« den Oberon von einer Frau, der katzengleichen Sybille Binder, spielen zu lassen.

Der glücklichste Direktor am Tisch war zugleich der jüngste: Ernst Josef Aufricht, dem die »Dreigroschenoper« gewissenmaßen in den Schoß gefallen ist zu einer Zeit, wo der Theaterhimmel von der Obrigkeit getrübt wurde. Da die Idee zu Brechts Stück nachweisbar im »Romanischen« geboren wurde, gehört seine Geschichte zu unserem Themenkreis.

Etwa zur gleichen Zeit, als Elisabeth Hauptmann, Bert Brechts »Mitarbeiterin« – ihre Beziehung zu Brecht wurde offiziell immer so bezeichnet – ihren Meister beim Nachmittagskaffee im »Romanischen« auf ein altes englisches Stück, »The Beggars' Opera«, aufmerksam machte, avancierte ein junger Mann zum Theaterdirektor. Der junge Schauspieler Aufricht, der sich bereits bei einer Art Wanderbühne, der »Truppe«, als Direktor versucht hatte, erhielt von seinem Vater ein fürstliches Geschenk: 100.000 Mark.

Die Währung, die die verheerende Inflation beendete, nannte man damals »Roggenmark«, weil der Reichsbankpräsident Dr. Hjalmar Schacht die sowieso nicht mehr existierende Golddeckung auch noch theoretisch strich und dafür die gesamte Ernte der Landwirtschaft als Deckung einbrachte.

Der Jungdirektor Aufricht pachtete das Theater am Schiffbauerdamm, und da er keine Klassiker spielen wollte, machte er sich auf die Suche nach einem modernen Stück eines jungen Autors. Aber Georg Kaiser, Ernst Toller, Carl Zuckmayer und noch einige andere, die er ansprach, hatten gerade nichts anzubieten. Aufrichts Dramaturg Heinrich Fischer schlug vor, bei Brecht anzuklopfen.

Es war schon ziemlich spät am Abend, Brechts saß nicht mehr im »Romanischen«, wo ihn Aufricht und Fischer zuerst suchten, aber der allwissende Portier, Herr Nietz, wusste, dass Brecht in das Restaurant Schlichter gegangen war.

Nun geschah etwas, das unter Umständen die Aufführung der »Dreigroschenoper« hätte verhindern können.

Der Bruder des bekannten Malers Rudolf Schlichter, jenes schon erwähnten Schuhfetischisten, hatte sein Lokal ursprünglich in der Marburger Straße eröffnet und war erst später in die Lutherstraße umgezogen. Aufricht, der kein Lokalgänger war, wusste das nicht, und Heinrich Fischer, vormals Dramaturg der Münchner Kammerspiele, ebenfalls nicht. Die beiden gingen also in die Marburger Straße, fanden das Lokal nicht und beschlossen, die Suche aufzugeben.

»Ich habe die Telefonnummer von Ödön von Horváth«, sagte Fischer. »ich rufe ihn morgen an, vielleicht hat er etwas.«

In diesem Augenblick schlenderte eine gütige Fee in Gestalt einer Straßenhure in hohen, bis zum Knie geschnürten Stiefeln, die Schlichter so gerne malte, vorbei und sprach die beiden an: »Suchen die Herren mich?«

»Wir suchen das Restaurant Schlichter«, sagte Aufricht.

»Schade«, meinte die junge Straßendame. »Bei mir könnten Sie auch verschiedene Spezialitäten genießen!«

Die Herren gingen weiter, und das Mädchen war freundlich

genug, ihnen nachzurufen: »Schlichter ist jetzt in der Lutherstraße.«

Das Lokal wurde gefunden und auch der proletarische Dichter, der gerade an einem Hummer nagte.

Aufricht kannte Brecht dem Namen nach, aber nicht persönlich, Brecht kannte Aufricht nicht einmal dem Namen nach, und so spielte sich die erste Unterhaltung über das Stück, das später der größte Erfolg in der Geschichte des deutschen Theaters werden sollte, in ziemlich frostiger Atmosphäre ab. Der Frost hielt auch nach der Vertragsunterzeichnung an und auch noch während der ersten Probentage, weil sich alle Beteiligten aus unerklärlichen Gründen gegenseitig nicht leiden konnten. Dann taute er kurzfristig auf, aber nur, um sich in glühende Feindschaften zu verwandeln.

Die Schwierigkeiten fingen mit dem Komponisten Kurt Weill an, den Aufricht nicht haben wollte.

Weill war als Schönberg-Schüler und berüchtigter Zwölftöner bekannt, und Aufricht traute ihm nicht zu, dass er eine populäre Musik schreiben könnte. Sicherheitshalber engagierte er als »musikalischen Leiter« Theo Mackeben und beauftragte ihn im Geheimen, die Originalmusik der »Beggars' Opera« von Christopher Pepusch so zu modernisieren, dass sie im Falle einer Weillschen Kakophonie gleich als Ersatz verwendet werden konnte. Zu Theo Mackebens Ehre soll gesagt werden, dass er der einzige war, der sich für Kurt Weills Musik begeisterte, aber es glaubte ihm niemand. Selbst mit Brecht, der ja Weill anbrachte, hatte Mackeben dauernd Differenzen. Gegen Ende der Probenzeit verkehrten die beiden Auguren nur noch über ihre Rechtsanwälte miteinander. Schließlich machte der Regisseur Erich Engel, dem die Sache zu bunt wurde, den Vorschlag, die gesamte Musik zu streichen und das Stück ohne Musik spielen zu lassen. Zum Glück wurde dieser Vorschlag vom Jungdirektor Aufricht abgelehnt, obwohl er selber nicht mehr an einen Erfolg glaubte und verzweifelt nach einem Ersatzstück suchte. So sollte ich zum Beispiel ein erfolgreiches ungarisches Stück besorgen. Franz Molnár hätte eines gehabt, aber er fragte nur naserümpfend: »Wer ist Aufricht?«

Es würde zu weit führen, alle Widrigkeiten der Probenzeit zu erzählen und zu berichten, wer mit wem verkracht war. Es wäre viel einfacher, eine kurze Liste der Schauspieler aufzustellen, die miteinander nicht verfeindet waren, aber solche gab es nicht.

Dass bei der Premiere am 31. August 1928 ein Welterfolg aus der Taufe gehoben wurde, brauche ich wohl nicht zu erwähnen.

Erst viel später erzählte Ernst Josef Aufricht seinen Freunden, und noch später in seinen Memoiren »Erzähle, damit du dein Recht erweist«, eine lustige Geschichte darüber, wie alles begonnen hatte:

»›Herr Bankier Herzfeld lässt bitten.‹

Er empfing mich in seinem Privatbüro, Unter den Linden 21.

›Ihr Vater hat Sie bei mir für 100.000 Mark akkreditiert. Er hat mich ebenfalls angewiesen, in Ihrem Namen 50.000 Mark als Kaution beim Polizeipräsidium zu hinterlegen und Ihren Pachtvertrag mit den Eigentümern des Theaters am Schiffbauerdamm zu garantieren. Darf ich Sie jetzt bitten, mir zu folgen.‹

Er ging voraus und führte mich in ein Klosett.

›Wenn ich Ihnen das Geld bar auszahle und Sie werfen es hier hinein und ziehen‹, er zog, ›dann ist es weg, und Sie haben keinen Ärger gehabt. Wenn Sie damit ein Theater eröffnen, ist es auch verloren, und Sie werden viel Ärger haben.‹

Ich sagte ›danke‹ und ging und transferierte mein Geld auf eine andere Bank.«

Soweit Aufricht.

Man könnte jetzt resümieren und sagen, wenn es nicht so abgedroschen wäre: Wie das Leben so spielt! Ein Bankier namens Herzfeld hat den Welterfolg der »Dreigroschenoper« beinahe verhindert, und eine freundliche Straßenhure, deren Namen wir leider nicht kennen, hat ihn ermöglicht.

Wie das Leben so spielt ...

Die Männer der Feder

Man nannte sie so, obwohl sie schon zum größten Teil alle Männer der Schreibmaschine waren, nur noch einige wenige schrieben mit einem Füllfederhalter oder gar mit einem ordinären Bleistift. Der Kugelschreiber war Zukunftsmusik; Biró, sein Erfinder, saß noch erfindungsschwanger im Romanischen Café unter den Männern der Feder.

Die großen Zeitungsverlage hatten alle ihre Stammtische hier: die Liberalen Ullstein und Mosse ebenso wie der rechte Scherl-Verlag. Diese Aufteilung war eine reine Formsache; die Redakteure, Kritiker und politischen Mitarbeiter, die sich sonst in den Spalten ihrer Zeitungen gegenseitig bekämpften, saßen hier friedlich beisammen, ließen das Politisieren und sprachen über ihre kleinen privaten Sorgen.

Auf der Sofaseite eines dieser Tische saß täglich Egon Erwin Kisch, wenn er nicht gerade auf Reisen war. Seinen Spitznamen »Der rasende Reporter« hatte er dem gewaltigen Erfolg seines gleichnamigen Buches zu verdanken. Er wuchs in Prag als Kind einer gutbürgerlichen jüdischen Familie auf und kam über Wien nach Berlin. Mit seinem Namen verbinden sich unzählige Geschichten und Geschichtchen, von denen die meisten bekannt sind.

So sicher auch die Tatsache, dass er es war, der den homosexuellen Spion Oberst Redl entlarvte, oder den Auftritt aus dem

Jahr 1918, als er während der sanften Revolution in Wien an der Spitze einiger roter Soldaten die Redaktion einer Tageszeitung stürmte, deren Chefredakteur sein eigener Bruder war. Dieser empfing ihn mit den empörten Worten: »Egon, das schreibe ich Mama nach Prag!« Unzähligemal musste er diese Geschichte erzählen, bis er sich schließlich weigerte, ohne Honorar den Mund zu öffnen. Sonst tat er dies gerne, er war der beste Anekdotenerzähler, den ich kenne. Vor allem gab er vorwiegend persönliche Erlebnisse zum Besten, fast immer stand er selbst im Mittelpunkt einer Geschichte oder ein Schulkamerad oder einer seiner besten Freunde.

Am häufigsten erzählte er ein Erlebnis aus seiner frühen Kindheit, als er sechs Jahre alt war:

»Ich war ein blutdürstiges Kind«, pflegte er diese Erzählung zu beginnen, »und offenbar völlig humorlos. Eines Tages wurde ich mit den anderen Erstklässlern in den Zirkus mitgenommen. Zu Hause fragten mich meine Eltern:

›Na, Egon, wie waren die Artisten?‹

›Schlecht‹, sagte ich. ›Ein Mädchen fiel dauernd vom Pferd und musste wieder aufspringen, ein dummer Mann fiel immer auf die Nase, und ein anderer, der Messer nach einer Frau warf, hat nicht ein einziges Mal getroffen, obwohl sie ganz still gestanden ist.‹«

Die meisten seiner Anekdoten stammten aus seiner Wiener Journalistenzeit und fielen in die Kategorie der jüdischen Witze, eine Feststellung, die einiges über den Wiener Journalismus aussagt, rein sachlich, ohne jede Bösartigkeit.

»Ich hatte einen Schulfreund, der in Prag noch Grünspann hieß, in Wien sich aber schon lange Georg Spann nannte. Er sah aus wie ein Goj, blond und blauäugig, in Wahrheit war er wie ich Jude und Journalist. Nur kein so guter.«

Hier machte er immer wie ein geübter Schauspieler eine kurze Schmunzelpause, bevor er weitersprach:

»Einmal war der Grünspann lange Zeit ohne feste Anstellung. Er erzählte mir eines Tages freudestrahlend, dass der Chefredakteur einer katholischen Zeitung ihm das Angebot gemacht habe, die Lokalredaktion zu übernehmen. ›Na also‹, sagte ich, ehrlich erfreut.

Grünspann schränkte ein: ›Die Sache hat einen Haken. Der ahnungslose Mensch glaubt, ich wäre katholisch.‹

Ich sagte nichts.

Grünspann erkundigte sich vorsichtig: ›Was würdest du dazu sagen, wenn ich mich vorübergehend taufen ließe?‹

Ich fragte zurück: ›Wieso vorübergehend?‹

Grünspann entwickelte einen strategischen Plan: ›Solange ich bei den Schwarzen arbeite, bleibe ich katholisch. Engagiert mich wieder eine anständige Zeitung, kehre ich zum Glauben meiner Väter zurück.‹

Ich brachte ihn zu Pater Kratochvill nach Währing und wartete im gegenüberliegenden Café auf ihn. Nach einer Stunde kam Grünspann und nahm Platz am Nebentisch. Ich wunderte mich: ›Warum setzt du dich nicht zu mir?‹

Grünspann fuhr mich an: ›Belästigen Sie mich nicht, Sie Saujud!‹«

Damit war die Grünspanniade noch nicht zu Ende, sie hatte noch mehrere Kapitel, zum Beispiel dieses:

Grünspann hatte einen Freund, Leo Kaplan, der von Beruf Versicherungsagent war. Dieser beklagte sich bei Grünspann, dass seine Geschäfte schlecht gingen.

»Du solltest dich auch taufen lassen«, riet ihm Grünspann. »Du hast doch hauptsächlich Gojim als Kunden, und die haben zu einem Goj mehr Vertrauen als zu einem Juden.«

Leo dachte nach, dann fragte er: »Hast du eine Adresse?«

Grünspann hatte eine: Pater Kratochvill in Währing.

Nun wartete er im gleichen Café wie einst sein Freund Egon Erwin Kisch auf Kaplan, der volle drei Stunden bei dem Geistlichen verweilte. Als er das Café endlich betrat, bestellte er gleich triumphierend zwei Cognacs.

Grünspann fragte: »Willst du deine Taufe begießen?«

»Nein«, antwortete Kaplan lachend, »die Versicherungsverträge, die ich dem Kratochvill angedreht habe.«

Kisch hatte viele militärische und kaiserliche Schnurren auf Lager.

Er war einmal als Berichterstatter dabei, als Kaiser Franz Joseph ein Gefängnis besichtigte. Ein Gefangener begrüßte den Kaiser mit militärischer Gestik: Hacken zusammengeschlagen, strammstehen, zackig, salutieren.

»Sehr gut macht er das«, lobte ihn der Kaiser und fragte: »Wie lange muss er sitzen?«

»Lebenslang, Majestät.«

Der Kaiser wandte sich an den Gefängnisdirektor und sagte zu ihm, mit der ihm eigenen kaiserlichen Logik: »Dem Mann ist die Hälfte der Strafe zu erlassen.«

Auch der Gefängnisdirektor schlug die Hacken zusammen, ohne über die Undurchführbarkeit des kaiserlichen Befehles nachzudenken. Erst als die Kutsche des Kaisers davonrollte, fragte Kisch: »Wie wollen Sie das machen, Herr Direktor?«

»Was«, fragte dieser zurück.

»Wie wollen Sie einem Lebenslänglichen die Hälfte seiner Strafe erlassen? Wie wollen Sie das berechnen?«

»Wie ich das machen will?«, fragte der Gefängnisdirektor indigniert zurück, aber dann, als er ein wenig nachdachte und zu einer Erklärung anhob, blieb ihm der Mund vor Schreck offen: »In der Tat, wie wollen wir das machen?«

Er sprach nicht mehr in der Einzahl und schob damit wenigstens einen Teil der Verantwortung auf seine Mitarbeiter. Diese versammelten sich sofort im Zimmer des Direktors und zerbrachen sich die Köpfe darüber, wie man einem Lebenslänglichen, von dem man nicht weiß, wie lange er leben wird, die Hälfte seiner Strafe erlassen kann. Aber sie fanden keine Lösung.

Schließlich fand Kisch sie, eine Lösung, die einem Prager Rabbiner zur Ehre gereicht hätte: »Einen Tag sitzen, einen Tag frei, einen Tag sitzen, einen Tag frei ...«

Kisch war eine solche Anziehungskraft im Café, dass die schreibenden Kollegen bald nicht mehr sagten, wir gehen ins »Romanische«, sondern wir gehen zu Kisch oder zum Egonek, wie man ihn auch liebevoll nannte. Auch die Kollegen aus dem deutschsprachigen Ausland, aus Wien und Prag, versammelten sich am Tisch von Egonek, wenn sie in Berlin waren; Stefan Zweig, Arnold Zweig, Franz Werfel, Max Brod und viele andere. Dies ist natürlich nicht so zu verstehen, dass sie alle zusammen gleichzeitig an dem Tisch hockten, Egons Herrschaft erstreckte sich schließlich über circa fünfzehn Jahre. Es kann sein, dass Personen, die ich hier gleichzeitig erwähne, nie an dem Tisch zusammengetroffen sind, aber sie saßen unzählige Male dort. Bis auf einen, bis auf Anton Kuh.

Kisch und Kuh waren sich nicht grün, sie gingen sich, wo immer es möglich war, aus dem Wege.

Wenn Anton Kuh über Kisch sprach, nannte er ihn immer »der Tätowierte«, in Anspielung auf den Kopf des Chinesen, den Kisch sich einmal in Shanghai auf seinen linken Arm hatte tätowieren lassen. Kisch löste das Problem dieser Feindschaft noch einfacher: Er sprach nie über Kuh.

Der Essayist Anton Kuh, 1925

Niemand kannte den wahren Grund dieser Gegnerschaft.

Der BZ-Redakteur Egon Jacobson erklärte es so: »Der Kisch kann nicht auf das Schnorrertalent Kuhs eifersüchtig sein, denn er schnorrt ja nicht. Demnach kann nur der Kuh auf Egon eifersüchtig sein, weil der, außer Pointen erzählen, auch schreiben kann, was er, Kuh, nicht kann.«

Vielleicht hatte er recht. Denn er wusste über diese Feindschaft aus sicherer Quelle Bescheid. Als er einmal die nach seinem eigenen Eingeständnis alberne Rundfrage stellte: »Über was könnten Sie sich totlachen?«, erhielt er von Kisch die harte Antwort: »Über die Nachricht vom Tode Anton Kuhs.«

Jacobson war feinfühlig genug, diesen Fauxpas nicht zu veröffentlichen, Kisch war ihm später dankbar dafür.

An Egons Tisch saßen auch Leute, die man nicht einordnen konnte, wie zum Beispiel der berühmte Bühnenautor Ferdinand Bruckner, der in Berlin wie ein Komet erschienen war. Sein Stück

»Krankheit der Jugend« hatte im Renaissance-Theater einen sehr großen Erfolg. Der Autor war bis dahin vollkommen unbekannt gewesen und blieb es auch hinterher, wenigstens was seine Person anbelangte, weil es niemandem gelang, ihn zu Gesicht zu bekommen. Er lebte in Berlin und verkehrte mit dem Direktor des Renaissance-Theaters, Theodor Tagger, nur schriftlich. Das zweite Stück des Autors, »Verbrecher«, mit Lucie Höflich, Hans Albers und Gustaf Gründgens in den Hauptrollen, in Max Reinhardts Deutschem Theater uraufgeführt, wurde ein ungeheurer Erfolg. Das Publikum applaudierte begeistert, rief nach dem Autor, aber er zeigte sich nicht. Die Kritiker lobten am nächsten Tag das Stück und seinen Verfasser, die Berliner Zeitungen verlangten von ihren Wiener Korrespondenten Interviews mit dem Dichter, sie wollten Fotos von ihm bringen, aber Ferdinand Bruckner war nicht aufzufinden. Schließlich reisten findige Reporter nach Wien, aber auch sie kamen mit leeren Händen zurück. Nun begann ein monatelang dauerndes Rätselraten darüber, wer der geheimnisvolle Autor sei. Schließlich ließ Egon Erwin Kisch in der Zeitung »Die Welt am Abend« eine Bombe hochgehen. Er veröffentlichte unter dem Titel »Interview mit Ferdinand Bruckner« einen Artikel, in dem er behauptete, Ferdinand Bruckner sei niemand anders als der alte, in progressiven Kreisen trotz seines Realismus nicht sehr beliebte Gerhart Hauptmann. Der Schlusssatz des Artikels lautete: »Sollte sich Ferdinand Bruckner durch diese Enthüllung beleidigt fühlen, so solle er sich stellen.«

Das tat dann Theodor Tagger, der Direktor des Renaissance-Theaters, auch, denn er war Ferdinand Bruckner. Er gab sich die ganze Zeit als Beauftragter des Dichters aus, um die hohen Tantiemen nicht in den Rachen seiner Gläubiger werfen zu müssen.

Damals hatte man noch Zeit und Sinn für gedruckte Scherze. Kisch begann in einigen witzigen polemischen Artikeln, auch die Existenz Theodor Taggers in Zweifel zu ziehen. Er behauptete, der Name sei von Kurt Tucholsky, der eine Vorliebe für Pseudonyme und Alliterationen hatte, erfunden worden. Tucholskys eigene Pseudonyme Theobald Tiger und Peter Panter sprachen dafür. Tagger protestierte, Tucholsky nicht.

Ein zweites Phantom an dem Tisch von Egon war der Chefredakteur der Ullstein-Zeitschrift »Uhu«, Peter Pfeffer. Den gab es nämlich gar nicht. Die Zeitschrift wurde von einigen Redakteuren mit gleichen Pflichten und Rechten geleitet, und diese bedienten sich eines globalen Pseudonyms, indem sie sich Peter Pfeffer nannten. Auch ein Name, der verdächtig nach Tucholsky klang, der selbstverständlich auch zu den Mitarbeitern der Zeitung gehörte.

Sie fragen, wie kann dieser nichtexistierende Chefredakteur an Egon Erwin Kischs Tisch sitzen?

Kisch behauptete es.

Es gab eine ganze Anzahl junger Literaten und Journalisten, die in Egon Erwin Kisch ihren Mentor sahen, und das mit Recht. (Zu ihnen gehörte übrigens auch der Schreiber dieser Zeilen.) Diese jungen Leute wollten gerne in den Mitarbeiterkreis des neuen Magazins aufgenommen werden, und Kisch schrieb Empfehlungsschreiben für seine Protégés an Peter Pfeffer. Da die Redaktionsmitglieder den Spaß mitmachten und die jungen Leute empfingen, und zwar immer derjenige, der gerade Zeit hatte, existierten plötzlich mehrere Peter Pfeiffers. Ein angehender Mitarbeiter beschrieb ihn als klein und dick, ein anderer als groß und schlank, einer sah ihn mit Bart, ein anderer ohne, bis Kisch dem grausamen Spiel ein Ende machte. Zu Ehren von Kisch und der Redaktion soll gesagt werden, dass die Arbeiten der an der Nase herumgeführten Leute nacheinander veröffentlicht worden sind.

Kisch schrieb manchmal auch Theaterkritiken, dabei haute er meistens daneben, wie er selber zugab. Am lustigsten fand er seine Prophezeiung bei Franz Molnárs »Spiel im Schloss«: »Ich gebe dem Stück höchstens zehn Abende!«, schrieb er. Bekanntlich lief das Stück zweieinhalb Jahre lang und erreichte achthundertfünfzig Aufführungen. Am Tage nach der letzten Vorstellung kam Franz Molnár ins »Romanische«, marschierte auf Egon Erwin Kisch zu und sagte freundlich: »Lieber Herr Kisch, Sie haben sich nur um achthundertvierzig Abende geirrt!«

Kisch war sehr hilfsbereit, nicht nur jungen Kollegen gegenüber. Kalle Müller, ein Taxichauffeur, der Kisch oft fuhr, verlor aus irgendeinem, wahrscheinlich alkoholischen Grund seine Stellung, und er suchte, mit sechs Millionen anderen, eine Arbeit.

»Im Filmatelier gibt es immer Arbeit«, sagte er zu Kisch. »Der Regisseur E. dreht jetzt in Staken, bitte geben Sie mir ein Empfehlungsschreiben.«

Kisch entsprach seiner Bitte, und Kalle Müller gelang es in der Mittagspause tatsächlich, bis zur Garderobe des Regisseurs vorzudringen. Aber er hatte trotzdem Pech. E. hatte schlechte Laune. Kurz vorher hatte es eine riesige Auseinandersetzung mit dem Finanzier gegeben, der eine kleine Frauenrolle, eine Klosterschülerin, unbedingt mit seiner Freundin besetzt sehen wollte. E. weigerte sich. Die Freundin hatte nämlich, um mich symbolisch auszudrücken, einen Haken. Die Freundin war ein Mann und hieß mit Spitznamen Tinti, bösartig: Tunte Tinti. Der Finanzmann war ein sehr bekannter Homosexueller. Der Regisseur protestierte. »Das geht zu weit! Ich mache alles mit, aber das geht wirklich zu weit!«

E. machte tatsächlich alles mit. Er drehte sogenannte Aufklärungsfilme mit Titeln wie »Süßes Laster«, »Sündige Triebe«, »Nacht in der Nacht« und ähnliches mehr. Aber Tunte Tinti als Klosterschülerin, das war selbst für E. zu viel.

Der wütende Bankier hatte erst fünf Minuten zuvor die Garderobe verlassen, als Kalle Müller ängstlich anklopfte.

»Ich bin nicht da!«, brüllte der Regisseur.

Kalle hielt das für einen Witz und öffnete die Tür.

»Was wollen Sie?«, brüllte E. ihn an.

»Arbeit«, hauchte der erschrockene Kalle. »Ich suche Arbeit.«

»Ich auch!«, schrie der Regisseur, sprang auf und wollte Kalle aus der Türe schieben.

Kalle wehrte sich: »Ich muss bei Ihnen arbeiten, Herr Regisseur, ich muss. Ich habe acht Kinder ...«

»Meine Kinder mache ich mir selber!«, brüllte E. und schubste Kalle von der Türschwelle.

Genüsslich erzählte Kisch diese Anekdote und fügte dann vergnügt hinzu: »Dabei bin ich überzeugt, E. irrte sich, was seine Kinder anbelangte.«

Kisch war überzeugter Kommunist. Er war kein Pragmatiker, sondern gehörte zu den ersten Revolutionären des Jahres 1918, die enthusiastisch für das Proletariat eintraten. Er war kein Marxist, aber hie und da blätterte er doch im »Kapital«, wie zum Beispiel an dem Tag, als sich die Sache mit Alfred Flechtheim ereignete.

Alfred Flechtheim war ebenfalls ein fleißiger Besucher des »Romanischen«. Er gehörte zu jener edlen Sorte der Kunsthändler, die eher die Kunst als den Handel im Sinne hatten und trotzdem reich wurden. In dieser Hinsicht kann man Alfred Flechtheim, der aus Düsseldorf nach Berlin gekommen war, mit Paul Cassirer vergleichen.

Der Verleger Paul Cassirer, 1926

Aber auch in anderer Hinsicht, denn beide waren literarisch interessiert und Zeitschriftengründer. ... Flechtheim hat den »Querschnitt« als »Die Zeitschrift der aktuellen Ewigkeitswerte« gegründet. Zuerst war sie als Ergänzung zu den Katalogen der Galerie Flechtheim gedacht, später aber entwickelte sie sich unter Mitarbeit von Theodor Däubler, Herbert Eulenberg, Hanns Heinz Ewers, Carl Sternheim, Anton Kuh, René Schickele und noch vielen anderen, durchaus gegensätzlichen Autoren neben der »Literarischen Welt« zu der maßgeblichen Literatur- und Kunstzeitschrift der zwanziger Jahre, die später vom Ullstein-Verlag übernommen wurde.

Dieser Alfred Flechtheim sah Karl Marx' »Kapital« auf dem Tisch von Kisch liegen und frotzelte: »Endlich ein Mensch, der mir die Problematik zwischen Kapital und Arbeit erklären kann!«

»Das ist ganz einfach«, sagte Kisch. »Wenn Sie mir jetzt tausend Mark leihen, habe ich ein Kapital. Die Mühe, die Sie aufwenden müssen, um das Geld zurückzukriegen, ist Arbeit.«

Hier konnte Kisch sich noch über den Marxismus lustig machen, später, am Ende seines Lebens, nicht mehr. Da war er auch nicht mehr der rasende Reporter, sondern ein stiller Mensch, der zurückgezogen mit seiner Frau in Prag lebte, in seiner Geburtsstadt, einsam in einem kleinen Haus auf dem Sommerhang (Letna), diskret überwacht von Beamten der tschechischen Geheimpolizei.

Kisch war einer der ersten, die aus dem Hitler-Deutschland emigrierten. Die USA nahmen ihn, den Kommunisten, nicht auf, und so landete er in Mexiko. Nach dem Krieg kehrte er glücklich nach Prag zurück. Er glaubte, in ein Land gekommen zu sein, in dem sich seine kommunistischen Träume erfüllt hatten. Was er dann aber sah, enttäuschte ihn bitter. Er muckte auf, protestierte und machte sich bald unbeliebt. Er erhielt Schreibverbot. Als ich ihn kurz vor seinem Tode besuchen durfte, war er ein gebrochener Mann. Er klagte nicht, nur einmal sagte er: »Paul Nikolaus hat recht gehabt!«

Paul Nikolaus, ein sehr begabter Kabarettist und einer der besten Freunde von Kisch, war der erste der emigrierten deutschen Schriftsteller, der sich schon im Jahre 1934 in der Schweiz das Leben nahm. Er schrieb in seinem Abschiedsbrief unter anderem: »... ich habe mich in mein Vaterland verliebt.«

Aber zurück zu Flechtheim. »Flechtheim ist der witzigste Kunsthändler Berlins«, pflegte Anton Kuh zu sagen und dann hinzuzufügen: »Die anderen sind nämlich Sauertöpfe.«

Einmal kam ein reich gewordener, zum Wurstfabrikanten emporgestiegener Metzger in die Galerie Flechtheim und wollte ein »modernes« Bild erwerben. Flechtheim schwatzte ihm ein expressionistisches Bild des Dadaisten Man Ray auf, das das Interesse des Metzgers deshalb erweckte, weil ein gesprenkelter Farbfleck einer Salami ähnlich sah. Man einigte sich auf 10.000 Mark. Es war eine beträchtliche Summe, da die Inflation schon längst vorbei war. Der Metzger knüpfte eine Bedingung an den Kauf: Er dürfe das Bild zurückbringen, wenn es seiner Frau nicht gefallen sollte. Flechtheim war einverstanden.

»Ich bekomme aber das Geld ohne Abzug zurück?«, versicherte sich der Metzger.

»Selbstverständlich«, bestätigte ihm Flechtheim liebenswürdig, obwohl er sich innerlich ärgerte.

Nach eine Woche kam der Käufer mit dem Bild zurück. »Meine Frau konnte sich an den Anblick nicht gewöhnen«, erklärte er und forderte sein Geld zurück. Wortlos blätterte Flechtheim 12.000 Mark auf den Tisch, obwohl er die Quittung über 10.000 Mark in der Hand hatte.

Der Metzger wunderte sich: »Ich hab' Ihnen nur 10.000 Mark gezahlt. Wieso 12.000?«

»Das stimmt«, erklärte Flechtheim. »Aber der Maler hatte inzwischen eine erfolgreiche Ausstellung in Paris, der Wert seiner Bilder ist enorm gestiegen.«

»Na dann!«, rief der Käufer, entriss Flechtheim das Bild und verließ eiligst die Galerie. Schmunzelnd legte Flechtheim die 12.000 Mark wieder in die Kasse.

Flechtheim hatte gute Beziehungen zu den Bankiers, die bei ihm wertvolle Bilder kauften. Manchmal benutzte er seine Beziehungen dazu, Kredite für die mit ihm befreundeten Theaterdirektoren aufzutreiben, mitunter sogar zu bürgen. Es gab keinen Theatermann, der nicht irgendeinmal in Schwierigkeiten gekommen war, selbst der große Reinhardt machte hier keine Ausnahme. Max selber kümmerte sich offiziell nicht um die Fi-

Der Kunsthändler Alfred Flechtheim, 1924

nanzen, darüber war er erhaben, sein Bruder Edmund war der Finanzminister.

Edmund suchte einmal nach vorheriger Anmeldung Flechtheim auf, ließ sich von ihm eine Zigarre geben und stöhnte: »Wenn Sie wüssten, Flechtheim, was es bedeutet, vier Theater am Leben zu erhalten! Jeden Tag, wenn ich in der Früh aufstehe, muss ich 20.000 Mark auf den Tisch blättern.«

»Wie wäre es«, fragte Flechtheim, »wenn Sie einfach im Bett bleiben würden?«

Flechtheim war nicht nur leidenschaftlicher Zigarrenraucher, sondern auch ein Sachverständiger auf dem Gebiet des blauen Dunstes. Wenn er Zigarren rauchende Gäste hatte, verwickelte Flechtheim sie immer in Gespräche über die Kunst des Zigarrenrauchens. Erst wenn er glaubte, den Geschmack des Gastes zu kennen, bot er ihm eine von seinen Kostbarkeiten an. Die alle aus Havanna kamen und damals in Berlin nicht so leicht zu haben waren. Selbst Louis Adlon betrat einmal Flechtheims Galerie mit dem Gruß: »Ich komme nicht wegen der Bilder, ich komme wegen der Zigarren.«

Der junge Rudolf Schlichter kam nicht wegen der Zigarren, sondern wegen seiner Bilder, die er an Flechtheim verkaufen wollte. Er lehnte die noch ungerahmten Bilder nebeneinander an die Wand, Flechtheim lehnte sich bequem in seinem Sessel zurück und paffte an seiner Zigarre.

Plötzlich rief Rudolf Schlichter aus: »Herrlich! Ich habe noch nie gesehen, dass das jemand jemals richtig gemalt hätte!«

»Was?«, wunderte sich Flechtheim.

»Den Rauch. Er ist wirklich blau«, schwärmte Schlichter. »Ich muss einmal versuchen, ihn zu malen.«

Flechtheim stand auf: »Tun Sie das!« Dann ging er zu seinem mit allen Kühlhaltesystemen ausgestatteten Zigarrenschrank, holte eine »Romeo und Julia« heraus und überreichte sie dem jungen Mann.

»Die werde ich nicht rauchen. Ich hebe sie auf als Andenken.«

Mit einer plötzlichen Bewegung entriss Flechtheim die Kostbarkeit aus Havanna und drückte dem verdutzten jungen Mann einen Stumpen in die Hand, eine Zigarre von der billigsten Sorte, die er sonst kistenweise an Handwerker zu verteilen pflegte: »Heben Sie sich diese auf. Als Andenken an mich wäre eine ›Romeo und Julia‹ viel zu schade.«

...

Ein von sich sehr eingenommener junger Mann überfiel Flechtheim im »Romanischen«, kaum, dass er an seinem Tisch Platz genommen hatte: »Herr Flechtheim, ich habe eine geniale Idee für eine neue Zeitschrift. Ich dachte, wir machen das Ding zusammen. Sie geben das Geld, und ich liefere den Geist.«

Flechtheim schmunzelte: »Also, das Geld hätte ich, aber woher wollen Sie den Geist nehmen?«

Flechtheim war mit dem Bühnenautor Carl Zuckmayer befreundet und mit Karl Vollmoeller ebenfalls. Die Erinnerung an Zuckmayer ist noch lebendig; seine Stücke »Der Hauptmann von Köpenick«, »Katharina Knie«, »Der fröhliche Weinberg« und »Des Teufels General« werden heute noch gespielt, ebenso wurden seine Stücke verfilmt. Bei Vollmoeller muss man dem Gedächtnis etwas nachhelfen: Er war ... der Autor des »Mirakel«, dem spektakulären Stück mit der Musik von Engelbert Humperdinck, das Max Reinhardt in Berlin im Zirkus Busch zum ersten Mal aufführte und hinterher unzählige Male bei den Salzburger Festspielen und in aller Welt. Vollmoeller schrieb zusammen mit Zuckmayer das Drehbuch zu dem legendären Marlene-Dietrich-Film »Der blaue Engel«. Allerdings behauptete Vollmoeller später, dass das Buch allein von ihm geschrieben worden wäre, Zuckmayer behauptete das Gegenteil. Hierzu erklärte der Regisseur des Films, Josef von Sternberg wiederum, er allein habe das Drehbuch geschrieben, nur Unerhebliches stamme von Zuckmayer, rein gar nichts von Vollmoeller. Den Romanautor Heinrich Mann, nach dessen Werk das Drehbuch geschrieben worden war, ließ er immerhin als »Stofflieferant« gelten.

Künstler unter sich!

Vollmoellers Vater war Autohändler, und auch der Sohn verkaufte eine Zeitlang Autos; er stand im Rufe eines Autofachmannes und vermittelte gelegentlich noch an Freunde oder gute Bekannte einen Autoverkauf.

Als Zuckmayer nach dem unerwarteten Erfolg seines »Fröhlichen Weinbergs« plötzlich sehr viel Geld verdiente, beschloss er, sich einen starken Wagen zu kaufen. Flechtheim riet ihm, sich an Vollmoeller zu wenden. Das war vier Jahre vor dem Drehbuch zum »Blauen Engel«. Zuckmayer befolgte den Rat, und eines Tages unternahmen die drei in einem luxuriösen Ford-Wagen eine Probefahrt auf der Avus. Auf dem Rückweg hielt Vollmoeller in der Königsallee an und fragte: »Na, was sagt ihr? Ist er nicht Klasse?«

Vollmoeller vergaß, die Handbremse anzuziehen, und der Wagen rollte auf der abschüssigen Straße zwei Meter weiter und stieß sanft gegen eine Telefonzelle. Flechtheim sagte: »Klasse, wirklich Klasse. Aber wie bleibt der Wagen stehen, wenn zufällig keine Telefonzelle da ist?«

Für den »Fröhlichen Weinberg« bekam Zuckmayer außer einem neuen Wagen auch noch den Kleist-Preis; für sein im Jahr 1921 aufgeführtes erstes Theaterstück »Kreuzweg« nur Schimpfe. Er schrieb dieses Drama unter dem Einfluss des Expressionisten Arnolt Bronnen. Auch ein Hauch Brecht war zu spüren. Jedenfalls wurde dieses Erstlingswerk vom Intendanten Leopold Jessner für das Staatliche Schauspielhaus angenommen – eine große Ehre und ein großes Glück für einen jungen Autor. Aber das Stück fiel durch. Das Publikum buhte, die Kritiker spuckten Gift und Galle und bewiesen, dass sie mit ihren Prophezeiungen nicht immer richtig lagen.

Allen voran Alfred Kerr, der schrieb: »Dieser heillose Lyriker, dem manchmal ein paar schöne Verse gelingen, wird niemals einen auf der Bühne sprechbaren Satz hervorbringen.« Kerr hielt bei Zuckmayers zweitem Stück, den im Deutschen Theater uraufgeführten »Hinterwäldlern«, immer noch an seiner Meinung fest. Nachdem er die Schauspieler teils lobend, teils tadelnd aufgezählt hatte, bemerkte er: »Stück und Autor können wir getrost vergessen.« Erst bei der Premiere vom »Fröhlichen Weinberg« löste sich sein Grimm. Zuckmayers Mutter, die im Zuschauerraum saß und den bösen Kerr, der ihren Sohn so hart verrissen hatte, den ganzen Abend zwischen den vergnügt lachenden Menschen beobachtet hatte, berichtete ihrem Sohn: »Kerr hat zweimal gelächelt.«

Über den »Kreuzweg« schrieb ein anderer Kritiker: »Ein Kreuzweg, den alle Zuschauer gehen müssen.« Die aber dachten nicht daran; das Stück wurde nach fünf Aufführungen abgesetzt. Die Pensionswirtin Zuckmayers hatte noch mit einer Freikarte eine Aufführung erwischt und erzählte am nächsten Morgen dem Autor: »Ich konnte das Stück gar nicht genießen, solche Angst habe ich gehabt.«

»Angst?«, wunderte sich Zuckmayer.

»Ja, Angst«, bestätigte die Wirtin. »Sitzen Sie mal in dem riesigen dunklen Zuschauerraum mutterseelenallein. Ich habe gewartet und gewartet, aber es kam niemand mehr.«

Flechtheim war zwei Wochen in New York gewesen und erzählte im »Romanischen«: »Ein grässliches Land. Dort bildet sich jeder Mensch ein, ein Spezialist zu sein. Wenn ein Arzt weiß, dass ein Schnupfen mit oder ohne Medikament auf jeden Fall acht Tage dauert, nennt er sich Hals-, Nasen- und Ohrenspezialist. Wenn ein Journalist zufällig weiß, dass Hindenburgs Vorname Paul ist, wird er an irgendeiner Universität Dozent für deutsche Geschichte.«

Flechtheim und Vollmoeller nahmen nach der Premiere von »Italienische Nacht« den jungen Ödön von Horváth ins Gebet.

Vollmoeller mochte das Stück ganz und gar nicht. »Vorgestern habe ich ›Bunbury‹ gesehen. Das sind Dialoge!«

»Künstliche Dialoge«, meinte Horváth.

»Theater soll schließlich Kunst sein«, meinte Vollmoeller.

»Aber keine künstliche Kunst, sondern blutvolle«, ereiferte sich Horváth.

Der Schriftsteller Egon Friedell, 1904

Nun mischte sich Flechtheim ein: »Hören Sie, mein Freund, bei Ihnen spricht ein Metzger wie ein Metzger. Wenn ich das will, brauche ich nicht in ein Theater zu gehen. Ich gehe in einen Schlachterladen, unterhalte mich mit dem Besitzer und kaufe mir zwei Kilo blutvolles Rindfleisch.«

Horváth gab nicht nach: »Ein Stück muss volkstümlich sein. Meine Stücke können überall gespielt werden. Auch in Kyritz an der Knatter.«

»Nur in Kyritz an der Knatter«, beendete Flechtheim die Debatte.

An einem frühen Nachmittag saß Zuckmayer mit dem österreichischen Schriftsteller Egon Friedell, der während seiner immer nur kurzen Berlin-Aufenthalte regelmäßig das Romanische Café aufsuchte, an einem Tisch. Die beiden sprachen über das Pingpong-Spiel das sich damals großer Beliebtheit erfreute und heute Tischtennis heißt. Zuckmayer erzählte, dass auch er ein Anhänger des Spieles mit dem kleinen Zelloloidball sei und dass er mit mehreren illustren Partnern, wie dem Zwölftöner Arnold Schönberg zu spielen pflegte.

Am Nebentisch saß ein junger Mann, der die beiden Schriftsteller unentwegt anstarrte und ihnen offensichtlich zuhörte. Plötzlich stand er auf und ging auf Zuckmayer zu: »Entschuldigen Sie, Herr Zuckmayer, dass ich Sie anspreche, aber ich wollte Sie gerne um etwas bitten.«

»Um was?«, fragte Zuckmayer freundlich, der junge Mann war ihm sympathisch.

Der griff in die Tasche, holte ein Manuskript hervor und sagte: »Ich halte es für eine göttliche Fügung, dass der Zufall mir ausgerechnet neben Ihnen einen Stuhl anwies, und gerade jetzt, wo Sie über Pingpong sprechen. Ich habe nämlich ein Stück geschrieben mit dem Titel ›Ping-Pong‹.«

Zuckmayer amüsierte sich über die umständlichen Formulierungen des höflichen jungen Mannes. »Geben Sie her, ich werde es am Sonntag lesen. Kommen Sie nächste Woche hier vorbei, dann sage ich Ihnen meine Ansicht.«

Gesagt, getan. Schon am Montag war der Dichter des »Ping-Pong« da. Zuckmayer kratzte sich verlegen hinter dem Ohr: »Was soll ich Ihnen sagen?«

»Ihre ehrliche Meinung«, bat der junge Mann. »Selbst Ihr Tadeln würde mich adeln.«

»So?«, fragte Zuckmayer. »Dann ernenne ich Sie hiermit zum Erzherzog.«

Egon Fiedell war bei dieser Besprechung nicht mehr dabei, er saß schon zu Hause in Wien und schrieb gerade einen Brief an Anton Kuh.

Hier die Vorgeschichte:

Anton brauchte Geld, wie immer. Er war zu faul, etwas zu schreiben, oder es fiel ihm nichts ein; jedenfalls tippte er aus einer alten Wiener Zeitung eine Kurzgeschichte von Egon Friedell ab, setzte seinen Namen darunter und fuhr ins Ullstein-Haus zu Hermann von Wedderkop, dem Chefredakteur des »Querschnitt«. Wedderkop verhielt sich Anton Kuh gegenüber wie Fred Hildenbrandt, er zahlte Kuh sofort das Honorar aus und druckte meistens Antons Ergüsse gar nicht ab; wir sprachen schon darüber, dass der witzige »Sprechsteller« kein guter Schriftsteller war. Anton wagte dieses Plagiat, da er nicht damit rechnete, dass die Geschichte jemals gedruckt würde. Er rechnete offenbar auch nicht damit, dass Friedell besser schreiben konnte als er. Jedenfalls druckte Wedderkop die Geschichte ab, Friedell las sie im fernen Wien und schrieb Anton Kuh folgenden Brief:

»Sehr geehrter Herr, überrascht stelle ich fest, dass Sie meine bescheidene Erzählung ›Kaiser Josef und die Prostituierte‹ unverändert, nur unter Hinzufügung der Worte: ›von Anton Kuh‹ im ›Querschnitt‹ veröffentlicht haben.

Es ehrt mich selbstverständlich, dass Ihre Wahl auf meine kleine, launige Geschichte gefallen ist, da Ihnen doch die gesamte Weltliteratur seit Homer zur Verfügung gestanden hat. Ich hätte mich deshalb gern revanchiert, aber nach Durchsicht Ihres ganzen Œuvres fand ich nichts, worunter ich meinen Namen hätte setzen mögen.«

Georg Kaiser gehörte zu den erfolgreichsten modernen Autoren seiner Zeit. Er war so was wie ein Uraltexpressionist unter den verschiedenen Ekstatikern, die ihn alle zu übertreffen versuchten. Kaisers Stücke »Gas«, »Die Bürger von Calais«, »Von

Morgens bis Mitternacht« und noch einige andere gehörten zur Avantgarde, aber sie waren ohne große Schwierigkeit verständlich.

Nach dem Misserfolg von »Kreuzweg« tröstete Georg Kaiser den durchgefallenen jungen Autor: »Sie müssen sich immer sagen, Zuckmayer, nicht mein Stück ist durchgefallen, sondern das Publikum.«

Zuckmayer wollte das nicht glauben. »An meinem Stück ist nichts, was man nicht verstehen könnte.«

»Haben Sie eine Ahnung!«, rief Kaiser. »Wenn ich ein Stück schreibe, schreibe ich gleichzeitig drei. Das erste, das ich tatsächlich geschrieben habe, das zweite, das die Schauspieler spielen, und das dritte, das das Publikum zu verstehen glaubt. Ich fuhr einmal nach einer Premiere von Wien nach Berlin, im Speisewagen saß ein Herr an meinem Tisch, der mir erzählte, dass er am Abend zuvor im Theater war. Er erzählte mir auch das Stück, das er gesehen hat. Nicht den Inhalt, sondern die tiefere Bedeutung der Geschichte. Erst als er mir das Theaterprogramm zeigte, kam ich darauf, dass er von meinem Stück sprach.«

Dr. Erich Doter erhielt im »Romanischen« den Titel »Dr. humoris causa«, der mehr Achtung als Ironie ausdrückte. Er war, wie wir bereits erfahren haben, auf Anekdoten fixiert, und ein Mensch, der nicht mindestens eine Seite in seiner Kartei füllte, war für ihn, auch wenn er einigermaßen prominent war, nur ein halber Mensch. Zu denen gehörte auch Bert Brecht, obwohl er zwei Karteiseiten füllte, aber nicht mit seinen geistreichen Aussprüchen, sondern mit Anekdoten, in denen er eher das Opfer war. Nur zwei Brecht-Sprüche hatte der Anekdoterich notiert.

Brecht wurde von Alfred Kerr im »Berliner Tageblatt« des Plagiats beschuldigt. Ein größerer Teil der berühmt gewordenen »Dreigroschenoper«-Songs stammten nämlich von François Villon in der deutschen Übersetzung von K.L. Ammer, die Brecht wortwörtlich abgeschrieben hatte. Als er Kerrs Artikel las, erklärte er: »Abschreiben ist schließlich auch eine schriftstellerische Tätigkeit.«

»Eine magere Ausrede, und gar nicht so witzig«, meinte der Anekdoterich.

Der gleichen Ansicht war auch Egon Jacobson, der Brecht einmal interviewen wollte. Brecht war schlechter Laune und wies ihn ab: »Wenn ich etwas zu sagen habe, schreibe ich selber.«

»Nicht immer,«, erwiderte Jacobson, auf Kerrs Vorwürfe anspielend. »Oft schreiben Sie, was andere zu sagen haben.«

Eine boshafte Bemerkung Brechts hängt mit dem Dichter Klabund zusammen, jenem Mann, der einst in einem Gedicht behauptet hatte: »Ich bin der Dung« ... Um die Hintergründe einer kurzen Bemerkung von Brecht zu verstehen, muss einiges über das Verhältnis der beiden zueinander erzählt werden.

»Eigentlich sind sie Freunde«, sagte Zuckmayer über Klabund und Brecht, »aber man könnte genauso gut sagen, dass sie eigentlich Feinde sind.« Zuckmayers Bemerkung stimmte.

Brecht hatte seine Karriere mit Hilfe von Klabund begonnen, genauer, mit Klabunds Gedichten, die er liebte und vertonte. In München sang er diese Lieder zur Gitarre in verschiedenen Kneipen, zunächst nur zur Freude seiner Zechbrüder. Zuckmayer berichtet in seinen Memoiren »Als wär's ein Stück von mir« über einen solchen Abend:

»Wenn er zur Laute griff, verstummte das Geschwirr der Gespräche, die Schleifschritte der sich in schlechter beleuchteten Ecken herumschiebenden Tangotänzer hörten auf, alles hockte um ihn her, wie in einen magischen Bann geschlagen.«

Später sang Brecht auch in Kabaretts oder gelegentlich bei Matineen auch auf der Bühne der Münchner Kammerspiele.

Hier lernte er die hübsche kleine Schauspielerin Carola Neher kennen. Es entwickelte sich zwischen den beiden eine leidenschaftliche Liebe, die nie aufhörte, wenn ihr Verhältnis auch oft unterbrochen wurde. Sie blieb auch bestehen, als Carola schon längst mit Klabund verheiratet war. Auch literarisch bestahl Brecht Klabund. Denn Klabund war es, der Brecht auf François Villon aufmerksam gemacht hatte, als er über den französischen Vagabundendichter aus dem Mittelalter ein Stück schreiben wollte. Brecht schrieb kein Stück, er komponierte eine Oper, die »Dreigroschenoper«, in der er aber, wie wir wissen, einige Lieder von Klabund verwendete.

Aus diesen Gründen herrschte zwischen den beiden Freunden oft eine gereizte Stimmung, und es kam auch einige Male zum Krach. Ich war dabei, als Klabund Brecht anschrie: »Puste dich nicht so auf! Schließlich hast du deine Karriere mit meinen Liedern begonnen!«

»Und mit deiner Frau!«, konterte Brecht, und Klabund wusste, wie es gemeint war.

Kurz nach dieser Auseinandersetzung, die übrigens ohne Folgen blieb, ging Brecht mit seinem Freund Bronnen ins »Romanische«, als die beiden auf der Terrasse des Cafés Schilling Klabund entdeckten. Er saß mit vier älteren Damen an einem Tisch; wie Bronnen später erfuhr, hatten sich die Damen zu ihm gesetzt, weil die Terrasse überfüllt war und bei Klabund noch Plätze frei waren.

Brecht bemerkte: »Er sitzt da mit seinem ganzen Leserkreis.«

Arnolt Bronnen gehörte zu dem engsten Freundeskreis von Bert Brecht. Bronnen war krankhaft ehrgeizig und versuchte, den Freund in allem zu überflügeln. Das Talent dazu hatte er, aber irgendwie griff er immer zu hoch und meistens daneben. Mit seinem ersten, expressionistischen Stück »Vatermord« hatte er sogar einen gewissen Erfolg bei den Literaten, die glaubten, Bronnens Werke zu verstehen, aber die gewöhnlichen Sterblichen schüttelten verständnislos den Kopf, was sie bei Brechts Erstlingswerk »Trommeln in der Nacht« nicht taten.

Bronnen suchte immer das Exzentrische, so schrieb er sich zum Beispiel Arnolt, obwohl er Arnold hieß. Er wollte die herkömmliche Rechtschreibung revolutionieren und verwendete prinzipiell nur kleine Buchstaben ohne Interpunktion.

Karl Kraus, der leidenschaftliche Kämpfer für Grammatik und Stil, schrieb im Jahre 1923 über Arnold Bronnen: »Interpunktion ist Charakterfrage. Wer darauf verzichtet, besitzt keinen Charakter.«

Brecht machte dem Freund zuliebe die Kleinschreiberei mit, aber bezeichnenderweise nur dann, wenn er an Bronnen schrieb. Das sah dann so aus:

lieber arnolt

an meiner wiege haben sie mir ein chanson gesungen rothäute behandelten meinen skalp als abortpapier zwischen weidenweihern in grasgrünen dämmerungen kam ich oft auf mich zu als ein haariges ozeantier (ozeantier!)

und so weiter.

Im Briefverkehr mit Verlegern und Theaterdirektoren achtete Brecht allerdings auf ein korrektes Deutsch.

»Arnolt Bronnen hat das ganze Romanische Café am bittersten enttäuscht», beklagte sich in seinem Londoner Exil einmal Paul Markus, besser als PEM bekannt, in einem Artikel. Und dies war die Wahrheit. Der ultraprogressive Arnolt Bronnen wurde plötzlich Nationalsozialist. Er, der Jude Arnold Bronnen, brachte es sogar fertig, in die Reichsschrifttumskammer aufgenommen zu werden, und eine Zeitlang bekleidete er einen leitenden Posten im Berliner Funkhaus. Wie er das geschafft hat? Er war schon längst konvertiert, und im richtigen Moment brachte er eine eidesstattliche Erklärung seiner Mutter bei, in der sie zugab, dass Arnolts Vater nicht der jüdische Herr Bronnen war, sondern ein arischer Seitensprung der Mutter.

Als Kraus die Geschichte hörte, zitierte er seinen kritischen Satz von 1923 und schrieb darunter: »Der Fackel-Kraus hat wieder einmal recht behalten.«

Bronnen hatte wenig Freunde. Und wenn er welche hatte, dann nicht lange. So sagte zum Beispiel Leopold Jessner, der zwei Stücke von Bronnen am Staatlichen Schauspielhaus aufgeführt hatte: »Ich habe in meinem Leben vieles bereut, aber am meisten tun mir zwei Dinge leid: dass ich Hitler nicht erschoss, als ich einmal Gelegenheit dazu hatte, und dass ich Arnolt Bronnen mehr als einmal die Hand gegeben habe.«

»Ihn zog die Gewalt an«, schrieb Kerr über Bronnen in »Das neue Tagebuch«, das Stefan Grossmann als Fortsetzung seiner Berliner Zeitschrift in der Emigration in Paris herausgab. »Ihn zog die Gewalt an, in seinen Stücken und im Leben. ›Vatermord‹, ›Anarchie in Sillian‹, ›Katalaunische Nacht‹, ›Rheinische Rebellen‹, ›Ostpolzug‹ ... was für Titel! Und was für ein Leben! Er, der expressionistische Rebell des Wortes und des Geistes, wurde Nationalsozialist, aber genauso gut hätte er auch ein Knecht Stalins werden können.«

Er wurde es auch. Nach dem Krieg ging Bronnen in die DDR und wurde Mitglied der Kommunistischen Partei.

Und wie dachte Bronnen über Alfred Kerr? Er schrieb nicht mehr in Kleinbuchstaben in seinem Buch »Arnolt Bronnen gibt zu Protokoll«:

Alfred Kerr, herausgekommen als der Herold Gerhart Hauptmanns und an der kritischen Macht in der Reichshauptstadt geblieben als ein unerbittlicher Schlächter des Neuen und

Wagemutigen, war der Hüter des literarischen Paradieses; an ihm konnte niemand vorbei, und er wusste das. Einer der besten Stilisten seiner Zeit, verband er scharfen Witz mit Wissen und Einfallsreichtum. Zu seinen Hauptwaffen zählte die Interpunktion – und selbst der gemeuchelte Autor empfand noch Vergnügen an dem geistreichen Komma, mit dem Kerr ihm den Kopf vom Rumpfe trennte. Er besaß fast alle Attribute eines großen Kritikers, und nur eine Kleinigkeit fehlte ihm: Gesinnung. Ein guter Witz war ihm mehr wert als das Schicksal eines jungen Darstellers, und im Kampf gegen manche jungen Autoren entwickelte er die Jagdleidenschaft österreichischer Erzherzöge.

Ganz unrecht hatte Bronnen nicht; Kerrs Urteile waren oft eher emotional als sachlich. Wenn Kerrs größter Konkurrent, Herbert Ihering, einen Autor lobte, dann verriss ihn Kerr. Durch Iherings Fürsprache erhielt Brecht für »Trommeln in der Nacht« den Kleist-Preis; von da an war Kerr ein erklärter Brecht-Gegner.

Über Brechts »Leben Edwards II. von England« schrieb er. »Nur wer die Gähnsucht kennt, weiß, was ich leide.«

Grete Mosheim, eine Schauspielerin, die sonst von Kerr immer gelobt wurde, musste einmal in einem schwachen Stück einen Akt lang Koffer packen. Kerr schrieb: »So packend war die Mosheim noch nie.«

Kerr war humorvoll und witzig, aber oft schoss er geschmacklich über das Ziel hinaus. Seinen österreichischen Widersacher, Karl Kraus, nannte er »Dorfkrüppel«. Nun, Kraus war kaum merklich verwachsen, aber ein Krüppel war er bestimmt nicht. Und Wien als Dorf zu bezeichnen, war auch ein klein wenig übertrieben.

Über Anton Kuh schrieb er einmal, auf seine Homosexualität anspielend: »Kuh sollte sich einmal zur Maikönigin krönen lassen.«

Der Kritiker Alfred Kerr, 1919

Kerrs Daumen, wie einst der Neros, konnte über Schicksale entscheiden, auch wenn seine Formulierungen damals nicht unbedingt salonfähig waren. So verdankte ihm zum Beispiel der junge Lehrer Robert A. Stemmle seinen Aufstieg. Kerr schrieb über sein erstes Stück: »Wacker, wacker, kleiner Kacker.« Wochenlang war in ganz Berlin Stemmles Name und Kerrs »Kacker« in aller Munde.

Kerr gab zu, dass er bewusst Jagd auf Bonmots machte. Sein Idol und erstrebenswertes Vorbild war Paul Schlenther, Kerrs Vorgänger beim »Berliner Tageblatt«. Eine Überschrift von ihm imponierte Kerr ein Leben lang. In einer Inszenierung des »Richard III.« spielte einmal Ferdinand Bonn die Titelrolle und musste textgetreu ausrufen: »Ein Pferd! Ein Pferd! Ein Königreich für ein Pferd!« Ferdinand Bonn schrie es innbrünstig und stampfte dabei auf der Bühne herum wie das Tier, nach dem er rief. Schlenthers Überschrift lautete: »Pferdinand Bonn«.

Kerr war ein Schlitzohr. Er selbst erzählte gern die folgende Episode aus seiner Jugend, als er beim »Tag« für karges Zeilenhonorar als Kritiker angefangen hatte.

An einem Abend gab es zwei Theaterpremieren. Kerr kam in Schwierigkeiten, weil er unbedingt beide Kritiken schreiben wollte, um das doppelte Honorar nicht zu verlieren. Er löste das Problem auf einfache Weise, bei dem einen Stück schmuggelte er sich in die Generalprobe, obwohl Kritiker nicht eingeladen waren, das zweite Stück schaute er sich während der Premiere an. Das erste Stück besprach er unter einem Pseudonym, das zweite unter seinem Namen. Er lieferte beide Kritiken noch in der Nacht in der Druckerei des Scherl-Verlages ab, wartete, bis die Bürstenabzüge fertig waren, machte seine Korrekturen und fuhr dann zu »Aenne Maenz«, dem Künstlerlokal in der Augsburger Straße, um etwas zu essen und ein Bier zu trinken. Hier erhielt er die Schreckensnachricht, dass die Premiere des ersten Stückes wegen einer Gasexplosion im Haus ausgefallen war. Er stürzte zum Telefon und rief in der Druckerei an. Er hatte Glück, die Seite mit den Kritiken war noch nicht gedruckt. Kerr beschwor den Metteur, ihm zu helfen, und der gute Mann half. Am nächsten Tag erschien die Kritik in voller Länge, darunter stand kursiv: »So hätte meine Kritik gelautet, wenn die Premiere nicht ausgefallen wäre.«

Das Zeilenhonorar war nicht nur gerettet, sondern noch um zwei Zeilen erhöht worden.

Kerr war ein eitler Mann, aber im «Romanischen« galt er nur als zweiter auf der Liste der Eitlen; den Vogel schoss Carl Sternheim ab, der Autor von »Bürger Schippel«, »Die Hose« und anderen Stücken. Der kunstsinnige Diplomat Graf Harry Keßler schildert in seinen »Tagebüchern« einen Zusammenstoß zwischen

Sternheim und der Dichterin Madame de Noailles in Paris: »Madame de Noailles hat von Goethe, von Nietzsche und anderen großen Deutschen gesprochen; Sternheim hat sie alle als belanglos abgelehnt. Der Name des Dichters Fritz von Unruh hat ihn geradezu in Raserei versetzt. Er hat nur sich selbst und allenfalls Georg Kaiser als deutsche Dichter anerkannt, allerdings habe Kaiser ihn kopiert.«

Diese Geschichte ist garantiert wahr, dafür spricht schon allein die Person des Grafen Keßler, außerdem stellte Sternheim seine Eitelkeit bei anderen Gelegenheiten unzählige Male unter Beweis.

Selbst über Georg Kaiser, den einzigen, den er als Bühnenautor akzeptierte, sagte er einmal: »Er ist begabt, aber größenwahnsinnig. Er hat es gewagt, sich mit mir zu vergleichen.«

Sternheims Witz war oft verletzend und taktlos, er traf auch Menschen, mit denen er an sich befreundet war.

Georg Kaiser hatte einmal, als es ihm finanziell sehr schlecht ging, eine peinliche Affäre, wofür er sich vor Gericht verantworten musste. Deutlicher ausgedrückt: Er versetzte einmal einen wertvollen Perserteppich eines Bekannten in einem Leihhaus.

Diese Geschichte lag schon mehr als zehn Jahre zurück, als Kaiser und Sternheim wegen einer politischen Frage in Streit gerieten. Kaiser fuhr Sternheim an: »Ich bitte dich, bleib auf dem Teppich!«

»Das möchte dir so passieren!«, rief Sternheim. »Damit ich mit ihm in einem Leihhaus lande.«

Sternheims Spott verschonte auch berühmte Bauten nicht. In Paris wohnte er in der Nähe des Eiffelturms und aß in dem Restaurant dieses Wahrzeichens der französischen Metropole jeden Tag zu Mittag.

Jemand fragte ihn: »Mögen Sie den Eiffelturm so sehr?«

»Mögen?«, rief Sternheim aus. »Das Restaurant ist der einzige Ort, von wo ich das scheußliche Ding nicht sehen muss.«

Fritz Kortner, von dem wir schon seit der Jessner-Geschichte wissen, dass er keine Schönheit war, sagte einmal freundschaftlich über einen jungen Schauspieler zu Sternheim: »Er sieht Ihnen ähnlich.«

Darauf Sternheim: »Dafür sollte er Gott danken. Wenn er Ihnen ähnlich sähe, müsste er sich aufhängen.«

Als der Name des Autors Ferdinand Bruckner nach dem großen Erfolg seines Stückes »Krankheit der Jugend« jeden Tag in den Zeitungen stand, fragte jemand Sternheim, ob er Ferdinand Bruckner kenne. Sternheim schüttelte den Kopf: »Die Namen von anderen Leuten kann ich mir nicht merken.«

Dass er Carl Zuckmayer kannte, konnte er nicht ableugnen, saß er doch fast jeden Nachmittag mit ihm zusammen im »Romanischen«. Einmal fragte ihn jemand, was er von Zuckmayer hielte.

»Hypothetisch sehr viel«, antwortete Sternheim. »Wenn er etwas zu sagen hätte, wäre er ein großer Schriftsteller.«

Sternheim beherrschte mit seinen satirischen Komödien ziemlich konkurrenzlos die deutschen Bühnen; das änderte sich erst nach dem Ersten Weltkrieg. Im Jahre 1921 tauchte zum ersten Mal der Name Curt Goetz im Zusammenhang mit dem Stück »Ingeborg« auf, gefolgt von »Hokuspokus«, »Dr. med. Hiob Prätorius« und einigen anderen Lustspielen, die zwar mehr auf der Oberfläche schwammen als Sternheims Werke, dafür aber oft lustiger waren.

Es ist begreiflich, dass der egozentrische Sternheim für Goetz nicht schwärmte und dass er, wann immer sich eine Gelegenheit ergab, arrogante Spitzen gegen Goetz losließ: »Goetz stopft alle Einfälle in ein Stück. Wenn ich das tun würde, müssten die Leute zehn Stunden im Zuschauerraum sitzen. Zehn Stunden pro Stück. Der Goetz hingegen dürfte nur Sketsche schreiben.«

Oder: »Ich beneide ihn wegen seines schlechten Geschmacks. Damit kommt er dem Publikum sehr entgegen.«

Curt Goetz war einige Tage in London, wo er eine Besprechung mit einem Theaterdirektor hatte. Nach seiner Rückkehr erzählte er im »Romanischen« von seinen Londoner Eindrücken. Ein Freund fragte: »Hattest du keine Schwierigkeiten mit deinem Englisch?«

Bevor Goetz, der auch nicht auf den Mund gefallen war, antworten konnte, bemerkte Sternheim: »Er nicht. Aber die Engländer.«

Bei einem Empfang in einer Gesandtschaft wurde Sternheim von einem hohen kirchlichen Würdenträger gefragt: »Sagen Sie, Herr Sternheim, sind die Geschichten, die Sie auf der Bühne erzählen, alle wahr?«

»Genauso wahr wie die Geschichten, die Ihre Priester auf der Kanzel erzählen«, antwortete Sternheim.

Anton Kuh war wohl der Einzige, der mit Sternheims Angriffslust fertiggeworden ist.

Die beiden trafen sich durch Zufall in Leipzig in einer Hotelhalle. Anton war sehr im Druck, sonst wäre er nicht auf die Idee gekommen, Sternheim anpumpen zu wollen. Aber Sternheim lehnte ab: »Sie kennen das Sprichwort: Verleihst du Geld, verlierst du einen Freund.«

»Auf uns trifft das nicht zu«, sagte Kuh. »Ich bin nie Ihr Freund gewesen und wäre es auch nicht geworden, selbst wenn Sie mir aus der Patsche geholfen hätten.«

Curt Goetz war ebenso empfindlich wie Sternheim, aber sein Witz war weniger bösartig. Nur, wenn es um Sternheim ging, kannte er keine Zurückhaltung. Als man ihm erzählte, Sternheim wäre im »Romanischen« zusammengebrochen und in ein Krankenhaus eingeliefert worden, wo man einen Herzklappenfehler diagnostizierte, sagte Goetz: »Ich wusste nie, dass er seine große Klappe auf dem Herzen trug.«

Der bekannte Reiseschriftsteller Colin Ross, der sich dandyhaft anzog und deshalb im »Romanischen« nicht sehr beliebt war, kam eines Tages aus London zurück. Er hatte sich dort bei einem Schneider in der berühmten Saville Road einen Anzug machen lassen und zeigte seine Neuerwerbung stolz am Ullstein-Stammtisch, indem er auf die Jacke deutete: »Alles Schafwolle.«

Dann knöpfte er die Jacke auf, um die andersfarbige karierte Weste bewundern zu lassen.

Goetz tat erstaunt: »Oh, die Haut kann man Ihnen aufknöpfen? Ich dachte, die Wolle ist angewachsen.«

Wie gesagt, Goetz war sehr sensibel, schlechte Kritiken konnten seine Laune für lange Zeit verderben, aber er schluckte seinen Ärger herunter und attackierte die Kritiker nicht, wie Sternheim das meistens tat. Einmal allerdings, als Alfred Kerr sein Stück »Die tote Tante« in Grund und Boden verrissen hatte, reagierte er sauer; er sprach mit Kerr kein Wort mehr. Wenn er ihn auf der Straße traf, lüftete er nur wortlos seinen Hut und sagte nicht einmal »Guten Tag«. Kerr begriff sofort, was los war, und reagierte genauso.

Wenn sie im Café am Stammtisch zusammentrafen, begrüßten sie sich nur mit einem stummen Kopfnicken und sprachen im Verlauf des Nachmittags kein Wort miteinander.

Es ergab sich einmal, dass von den noch anwesenden drei Personen zwei sich plötzlich verabschiedeten und der dritte ans Telefon gerufen wurde. So blieben Goetz und Kerr allein am Tisch.

Kerr lächelte mokant vor sich hin, Goetz starrte ihn feindselig an, bis er die peinliche Stille unterbrach: »Ich benutze die günstige Gelegenheit, Sie zu fragen, ob es Ihnen schon aufgefallen ist, dass ich seit Wochen keinen einzigen Satz mit Ihnen gesprochen habe?«

»Das ist mir aufgefallen«, bestätigte Kerr, »und ich wollte gerade die günstige Gelegenheit benutzen, Ihnen dafür zu danken.«

...

Goetz hatte auch viele Freunde, aber es gab auch Leute, die ihn nicht mochten, die ihn für eingebildet und affektiert hielten. Zu denen gehörte der Dichter Walter Hasenclever, der wiederum mit seinen Stücken und seiner Person bei Curt Goetz auf wenig Verständnis stieß.

Hasenclever hatte schon Jahre vor Arnolt Bronnen einen Vatermord als Thema für sein Erstlingsstück »Der Sohn« gewählt. Er rief in wilden Sätzen gegen die Väter auf: »Wir müssen die Tyrannei der Familie zerstören, dieses mittelalterliche Blutgeschwür. Bedenke, dass der Kampf gegen den Vater das Gleiche ist, was vor hundert Jahren die Rache an den Fürsten war.«

Harte Worte, Schläge mit Beil und Hammer, Dinge, die dem Autor Curt Goetz, der geschliffene Dialoge schrieb und mehr für Florettfechten war, nicht gefallen konnten.

Es kam noch hinzu, dass Hasenclever für sein zweites dramatisches Werk, für das Antikriegsstück »Antigone«, den Kleist-Preis erhielt; eine Auszeichnung, mit der der Lustspielautor Goetz niemals rechnen konnte.

Nun hinterbrachte man Goetz, dass Hasenclever bei der Premiere der Komödie »Hokuspokus« im Zuschauerraum gesessen habe, aber im Laufe des Abends keine Miene verzog, weder gelacht, ja, noch nicht einmal gelächelt hatte.

Am nächsten Tag stellte er Hasenclever im »Romanischen« zur Rede: »Das ist unkollegial von Ihnen, Hasenclever. Ich habe mich seinerzeit im Großen Schauspielhaus über Ihre »Antigone« halb totgelacht.«

Merkwürdigerweise hörte Hasenclever bald auf, Tragödien zu schreiben, er verfasste nur noch Lustspiele, wie »Ein besserer Herr«, »Ehen werden im Himmel geschlossen« und »Napoleon greift ein«. Er hatte Erfolg und wurde eine echte Konkurrenz für Curt Goetz. Er verdiente viel Geld, bereiste die Welt, schrieb in Hollywood Drehbücher, »unter den schwersten Gewissensbissen«, wie er selbst zugab. Zu Ernst Lubitsch sagte er einmal: »Ich fühle mich wie eine Prostituierte, die einmal ein kurzes Verhältnis mit dem großen Dichter Heinrich von Kleist gehabt hat.«

Diese Gemütsverfassung erklärt die Bemerkung, die er kurz vor Hitlers Machtergreifung seinem Intimfeind Curt Goetz gegenüber geäußert hat, als sich die beiden in Berlin bei einer »Iphigenie auf Tauris«-Aufführung trafen.

Goetz fragte ihn spöttisch: »Zurück zu ›Antigone‹, Hasenclever?«

Hasenclever schüttelte den Kopf: »Nein, ich will mich nur ein wenig von dem scheußlichen Beruf erholen, den wir beide betreiben.«

In Anekdoterichs Kartei sind im Zusammenhang mit Hasenclever nur wenige Anekdoten aufgezeichnet. Er ist, trotz seiner heiteren Stücke, kein heiterer Mensch gewesen, aber am düstersten war sein Tod; aus Deutschland ausgebürgert, vergiftete er sich im Juni 1940 in einem französischen Internierungslager.

Ebenfalls durch Selbstmord in der Emigration endete ein anderer Bühnendichter, Erst Toller, der sich ... 1939 in einem New Yorker Hotel erhängte.

Im »Romanischen« gehörte Toller zu dem »Revoluzzer-Tisch«, wie der Kellner Karl den großen Tisch nannte, an dem George Grosz, John Heartfield, Wieland Herzfelde und andere Linksgesinnte einige Stunden des Tages verbrachten. Toller tat dies allerdings erst seit dem Jahr 1924, nachdem er fünf Jahre in Festungshaft im Zuchthaus Niederschönenfeld in Bayern verbracht hatte. Der sanfte Dichter und utopische Anarchist hatte aktiv an der Nachkriegsrevolution in München teilgenommen. Er gehörte zu den führenden Köpfen der Räterepublik und wurde nach dem Zusammenbruch der Revolution verhaftet, verurteilt und eingekerkert. Im Gefängnis schrieb er Gedichte, die gedruckt wurden, und Theaterstücke, die gespielt wurden.

Als er im »Romanischen« eintraf, war er bereits ein berühmter Mann – was man von dem schweigsamen Herrn, den Toller oft mitbrachte, nicht sagen konnte. Niemand wusste im Café, wer der große, dunkle Bulgare war. Der Name Georgij Dimitroff sagte niemandem etwas. Niemand konnte ahnen, dass er einst Bulgariens erster Präsident werden sollte.

Toller erzählte dem BZ-Redakteur Egon Jacobson, dass man ihn überreden wollte, ein Gnadengesuch einzureichen, nachdem sein Stück »Die Wandlung« in Berlin einen großen Erfolg gehabt hatte. Man versprach ihm die Freiheit, aber Toller lehnte ab. Teils aus Prinzip, teils aus Angst. Er fand nämlich einmal nach dem üblichen Spaziergang einen Zettel mit einer Stecknadel an seiner Pritsche festgesteckt. Ein Zweizeiler, in Druckbuchstaben:

»Das Leben ist hier hart,
aber draußen lauert Ehrhardt!«

Toller begriff sofort. Der Vers war eine Anspielung auf Kapitän Ehrhardt, Chef der berüchtigten Brigade Ehrhardt, die damals in München stationiert war und Jagd auf entlassene Revolutionäre machte.

Toller hetzte Jacobson auf, die Zustände in Berliner Gefängnissen aufs Korn zu nehmen. Als erstes inspizierte Jacobson, nachdem er mit Mühe und Not eine Genehmigung erhalten hatte, drei Stunden lang das Gefängnis Plötzensee, von der Berliner Unterwelt liebevoll »Plötze« genannt. Als er sich nachher im Ullstein-Haus an seinen Schreibtisch setzen und mit der Arbeit beginnen wollte, bemerkte er, dass er seinen Notizblock mit den umfangreichen Aufzeichnungen in Plötzensee vergessen hatte. Er nahm sich ein Taxi und fuhr zurück zum Gefängnis. Als er ausstieg, sagte er zu dem Fahrer: »Warten Sie bitte hier, ich bin in ein paar Minuten zurück.«

Aber der Fahrer protestierte: »Nee, nee, mit mir nicht! Zahlen Sie erst die Fuhre! Vor einem Jahr wollte eener ooch in zehn Minuten zurück sein und blieb zehn Jahre drin.«

Diese Jacobson-Anekdote erzählte Ernst Toller gern.

Eine andere wusste Erich Kästner, der die Schüchternheit der ersten Berliner Monate allmählich abgelegt hatte und auch anfing, im »Romanischen« Anekdoten zu erzählen.

Kästner, der noch völlig unbekannt war, suchte, kurz nachdem er aus Leipzig in Berlin eingetroffen war, die BZ-Redaktion auf, um einige Gedichte anzubieten. Jacobson, dem er zufällig in die Hände lief, fand die Strophen etwas zu zart, und das sagte er auch: »Wir leben in einer harten Welt, die kein Gefühl für Gefühl hat.«

»Das habe ich heute gemerkt«, seufzte Kästner.

»Man hat mir in der Straßenbahn meine Aktentasche gestohlen.«

»Wie gemein!«, sagte Jacobson. »Es tut mir leid für Sie. Was war in der Tasche?«

»Meine sämtlichen Gedichte, die ich bis jetzt geschrieben habe.«

»Oh«, rief Jacobson aus. »Das tut mir leid – für den Dieb.«

Übrigens, Kästner bekam seine Gedichte, eingewickelt in fettiges, braunes Papier, per Post zurück. Ein Zettel lag dabei:

Die Verse sind gar nicht schlecht,
Ich las sie ohne Pause,
Doch nichts wollte für sie geben,
Mein Hehler, der Banause.
Ein Kollege

Gern erinnerte sich Egon Jacobson an seine erste Begegnung mit Franz Werfel, die in der Wiener Wohnung des Dichters stattfand.

Werfel war damals mit der Witwe des Komponisten Gustav Mahler, Alma Mahler, verheiratet, die unter anderem auch die Lebensgefährtin des Malers Oskar Kokoschka und des Bauhausgründers Walter Gropius war.

Diese Alma Mahler hatte einen legendären Ruf als Haustyrannin, als eine Frau, die nur ihre eigene Meinung gelten ließ. Die unerbittliche Claire Goll schrieb über sie in ihren Memoiren: »Wer Alma Mahler zur Frau hat, muss sterben.«

Nun, Franz Werfel lebte noch, als Egon Jacobson von ihm wissen wollte, wie er über die politische Lage dachte.

Werfel zuckte die Achseln: »Tja, ich weiß nicht …«, dann stand er auf, ging zu einer Tür, öffnete sie und rief ins Nebenzimmer: »Alma, Liebling, komm bitte herüber, hier will jemand meine Meinung hören.«

Es gab auch einen Komponistentisch, an dem aber, ähnlich wie im Café des Westens, hauptsächlich Textdichter saßen, wie Fritz Rotter, Robert Gilbert, Walter Mehring, der zugleich Dichter und Textschreiber war, und noch einige andere.

Hier soll von Robert Gilbert die Rede sein, der zugegebenermaßen viele Liedtexte schrieb, aber im Grunde genommen auch ein Dichter war, ein Berliner Dichter, ich würde sagen im Range von Tucholsky.

Hier also statt einer Gilbert-Anekdote, die zwei ersten Strophen eines Gilbert-Gedichtes:

Aschingerbrödel
Vata hat wat ausbaldowert,
Mutta ging am Alex fremd,
und der letzte,
den ich schätzte,
hat mich sachte ausjepowert
bis uff's Hemd.
Wenn se mir zur Sitte schleifen,
wat so vorkommt monatlich,
sag' ick höchstens:
Fräulein, nachstens
sehen Se ooch als Silberstreifen
bloß'n Strich.
Mancher hofft, er lebt erlöster,
wenn er hängt. Der hat'n Klaps.
Leben muss man,
weil am Schluss man
doch noch hat den feuchten Tröster,
nämlich Schnaps.
Alte Kühe tun wie Kälber,
doch der Stier sagt: nicht für mich!
Koks ist wahrhaft
wenig nahrhaft,
und so wird man langsam selber
bloß'n Strich.

Auch Friedrich Holländer saß hier, vor, während und nachdem er »Ich bin von Kopf bis Fuß« geschrieben hat. Er betonte immer: »Ich komme in meiner Eigenschaft als Textdichter.«

Als Komponisten schauten oft vorbei: Paul Abraham, Fred Raymond, Rudolf Nelson und Robert Stolz, wenn er in Berlin war.

Am Komponistentisch blühte der Flachs: Der sparsame Robert Stolz machte Paul Abraham Vorwürfe, dass er leichtsinnig lebe und zu viel Geld ausgebe. Paul sollte sich an ihm ein Beispiel nehmen: »Ich halte jeden Groschen zusammen.«

Abraham konterte: »Du lebst, um zu komponieren, ich komponiere, um zu leben.«

Nach einer Raymond-Premiere sagte Abraham zu seinem Komponisten-Kollegen: »Fred, das war sehr hübsch gestern Abend. Lauter gängige Melodien. Strauß, Lehár, Kálmán, Abraham. Leider hast du am Anfang des dritten Aktes einen eigenen Einfall gehabt, und damit hast du alles verdorben.«

Egon Jacobson hatte keinen Bruder namens Fritz. Ich muss dies ausdrücklich betonen, da alle Welt glaubt, dass der rührige »Hansdampf in allen Gassen« der Bruder von Egon war. Das stimmt nicht; Fritz Jacobson war der jüngere Bruder des Herausgebers der »Weltbühne« Siegfried Jacobson.

Fritz fing auch als Journalist und Musikkritiker an, nebenbei fungierte er als Pressechef verschiedener Filmproduktionen. Die Bezeichnung »Pressechef« war völlig irreführend und falsch. Er war keineswegs Chef der Presse, sondern gerade umgekehrt; er musste den Presseleuten nachlaufen und sie mit Charme (manchmal auch mit Geld) überreden, über die Filme, die Fritz propagieren sollte, etwas in den Zeitungen zu bringen, deren Mitarbeiter sie waren. Heute heißen die Propagandatrommler in unserem verhunzten Deutsch Public-Relations-Manager.

Zu Jacobsons Zeiten gab es noch echte Stars und echten Rummel um sie. Eine große Firma wie die Ufa konnte sie mit Hilfe ihrer Presseabteilung züchten wie exotische Pflanzen.

Zu den Aufgaben der Pressemanager gehörte es auch, aus den Kritiken, auch aus den schlechtesten, für Zeitungsinserate kurze Zitate herauszufischen, die wortwörtlich entnommen werden mussten, um ein Dementi zu verhindern. Fritz beherrschte die Kunst, mit Hilfe eines wörtlich wiedergegebenen kurzen Satzes einen Verriss in eine Lobpreisung umzufunktionieren.

So stand in der Kritik unter anderem: »Ein aufregender Film erwartet dich – dachte ich mir, als ich das Marmorhaus-Kino betrat. Ich wurde bitter enttäuscht.«

In dem Inserat, das Fritz Jacobson entworfen hat, war zu lesen: »Ein aufregender Film erwartet dich.«

Ein anderes Beispiel. Der Kritiker schrieb: »Wunderschöne Frauen füllten das Kino an diesem Premierenabend. Leider nicht so auf der Leinwand. Übertreibend anödende, superrealistische Nachtasylatmosphäre.«

Fritz zitierte: »Wunderschöne Frauen ...«

Fritz Jacobson arbeitete für die Ufa, und zwar im großen Stil; für Fritz Langs »Nibelungen« zum Beispiel ließ er die Hallen in der Untergrundbahn mit Fresken vollpinseln. Während sie auf ihren Zug warteten, konnten die Berliner Kriemhild, Brunhild und den drachenmordenden Siegfried bestaunen. Eine rechtsgerichtete Zeitung schrieb über die Wandmalereien: »Fritz Langs Siegfried sieht Siegfried Jacobson, dem jüdischen Herausgeber der ›Weltbühne‹ und Bruder des Pressechefs der Ufa, Fritz Jacobson, ähnlicher als Paul Richter, dem Hauptdarsteller des Films.«

Fritze trommelte auch für die Haller-Revue. Als Hermann Haller in seinem Admiralspalast eine Sommerpause machte und im Wiener Ronacher gastierte, reiste Jacobson schon früher nach

Wien, um hier für Haller und die weltberühmten Tiller-Girls weiter zu trommeln.

In Wien ließ er geschickt durch Friseure und Kellner Gerüchte in die Welt setzen, wonach Mabel, das schönste der Tiller-Girls, angeblich gewaltsam entführt worden sei. Als erster meldete sich bei ihm ein junger Journalist von der Boulevard-Zeitung »Die Stunde«: »Ich habe mit meinem Chefredakteur gesprochen. Ich bekomme eine ganze Seite zur Verfügung, wenn ich exklusiv über die Entführung und Wiederauffindung berichten darf.«

Das war es, worauf Jacobson gewartet hatte. Er kannte die Verbreitung der »Stunde«, der junge Mann war ihm sympathisch, und so verriet er ihm, dass Mabel allem Anschein nach von dem (damals sehr bekannten) Filmschauspieler Igo Sym entführt worden sei. Er verriet auch, dass, nach einer brandneuen Information, das Liebespaar sich im Hotel Panhans auf dem Semmering aufhalten sollte.

Das Gesicht des jungen Reporters verdüsterte sich: »Panhans? Da kann ich mich nicht blicken lassen. Ich habe dort Schulden. Schade. Ich hätte eine ganze Seite bringen können.«

Jacobson wollte sich die ganze Seite in der »Stunde« nicht entgehen lassen und war bereit, auf Kosten seines Chefs versteht sich, etwas zu opfern. Er fragte also den jungen Mann, wie hoch seine Schulden seien. Dieser nannte ihm eine ziemlich beträchtliche Summe. Jacobson akzeptierte, gab dem jungen Mann das Geld und erinnerte ihn, einen Fotografen mitzunehmen.

Der junge Mann nahm keinen Fotografen mit, er fuhr auch nicht auf den Semmering, sondern nach Berlin.

Hier begann er mit Fritzens Hilfe, der ihm schnell verziehen hatte, seine Karriere als Journalist, Drehbuchautor und später in Hollywood als Regisseur. Der Name des jungen Journalisten war Billy Wilder.

Wenn es nach Fritz Jacobson gegangen wäre, hätte ich zusammen mit Bert Brecht ein Musikstück schreiben sollen. Es ging aber nicht nach ihm, sondern nach dem Willen des »Kapitalisten-Marx«, wie Jules Marx, der Direktor des Scala-Varietés in Berlin, genannt wurde. Und so wurde nichts daraus.

Fritz Jacobson erzählte mir einmal im »Romanischen«, dass es unmöglich sei, für Inflationsmark internationale Artisten nach Berlin zu engagieren. Deshalb wollte er seinen Chef überreden, statt Artistenprogramm eine Revue aufzuführen, die ausschließlich mit deutschen Künstlern besetzt werden sollte. Ich hatte zufällig die Idee für eine Revue in der Tasche, die nicht nur Fritze Jacobson, sondern auch Jules Marx gut gefiel.

»Du kannst natürlich das Ding nicht allein schreiben, dich kennt ja kein Aas«, sagte Fritze zu mir. »Ich werde dich mit Bert Brecht zusammenkoppeln.«

Ich sollte erwähnen, dass Brecht damals schon Kleist-Preisträger war; sein Stück »Leben Eduards II. von England« lief – besser gesagt, lief nicht – gerade im Deutschen Theater, aber von dem Erfolg der »Dreigroschenoper« trennten ihn noch vier Jahre. Er war also an Geld interessiert.

Ich erzählte ihm die Geschichte, die zunächst in der Hölle spielte. Dort herrschte Alarmstimmung, weil auf der Erde eine Agentin der Hölle, eine hübsche und kapriziöse Sängerin, die Beelzebub schon unzählige Männerseelen geliefert hatte, sich plötzlich in einen soliden Bürger verknallte. Sie wollte heiraten, dem Angebeteten ewige Treue schwören und den Schwur auch halten. Nun wird ein hübscher Jungteufel mit einem wohlklingenden Bariton auf die Erde geschickt mit dem Auftrag, die Sängerin zu verführen und auf den Pfad der Untugend zurückzuführen.

Brecht meckerte Fritze und mich an: »Also, um ›Faust‹ zu klauen, brauche ich euch nicht. Klauen kann ich auch alleine.«

»Aber ich bringe das Geld«, erklärte Fritze. »Teilweise sogar Dollars.«

Das wirkte.

Nach fünftägiger Zusammenarbeit in der Brechtschen Wohnung in der Spichernstraße wurde aus dem Teufel Belial quasi ein sozialkritischer Engel, der sich über die Verderbtheit der Menschen moralisch entrüstete und sich auch weigerte, die Sängerin zu verführen.

Fritze wurde blass, als Brecht ihm die neue Geschichte erzählte. Mit Recht, wie sich später herausstellen sollte. Jules Marx verweigerte die zweite Rate, und die Revue »Anita und der Teufel« wurde abgeblasen.

In Parenthese: Ich schrieb das Ding fünfzehn Jahre später unter dem gleichen Titel als bescheidenes Bühnenstück mit sehr hübscher Musik von Theo Mackeben und ohne Sozialkritik. Dafür sang Rosita Serrano: »Bei dir war es immer so schön ...«

Während unserer Zusammenarbeit spazierte ich einmal mit Brecht auf der Tauentzienstraße ins »Romanische«, als er vor dem Schaufenster eines Blumenladens stehenblieb und auf ein Schild mit dem Text »Lasst Blumen sprechen« starrte.

»Mein Gott, ich hab's beinahe vergessen! Marianne hat morgen Geburtstag!«, rief er aus.

Wir gingen in den Laden und Brecht bestellte: »Bitte einen Strauß, der ›Marianne, ich liebe dich‹ sagen kann.«

Brecht hatte auch einen Stammtisch, aber er war selten dort. Er gehörte zu den Wanderern zwischen den Tischen. Mal saß er hier, mal saß er dort. Oft verschwand er im ersten Stock bei den Schachspielern.

Stammgast an dem Brechtschen Tisch waren, solange die Freundschaft zwischen den beiden anhielt, Arnolt Bronnen, der Wiener Journalist Frank Warschauer, der Brecht in seinen ersten

Berliner Tagen in seiner Wohnung beherbergte, und zwei oder drei Schulfreunde Brechts aus Augsburg, deren Namen ich mir schon damals nicht merken konnte, die Brecht aber dauernd mit sich herumschleppte.

Manchmal setzte sich Ernst Toller zu Erwin Piscator an den Tisch, bevor der von vielen nicht ernstgenommene Gründer des »Theaters der Proletarier« von dem Direktorentisch als Direktor akzeptiert wurde. Auch Kurt Tucholsky saß, wenn er sich in Deutschland aufhielt, manchmal an Brechts Stammtisch und hie und da auch Ödön von Horváth, der eigentlich Kneipen dem »Romanischen« vorzog. Aber lange hielt keiner an diesem Tisch aus, denn das Brecht-Gefolge kannte nur ein Thema: Brecht, und auf die Dauer war das langweilig.

Ich fragte einmal Brecht: »warum sitzen Sie so selten an Ihrem Stammtisch?«

Brecht zuckte die Achseln: »Was soll ich da? Die reden nur über mich und höchstens noch über Karl Marx. Immer, wenn ich denen länger zuhöre, bilde ich mir ein, ich hätte Marx beeinflusst.« Er kaute an seiner Zigarre und fügte hinzu: »Dann sitze ich schon lieber am Ärztetisch. Dort wird über Darmverschluss, eitrige Blinddärme und ähnlich appetitliche Dinge gesprochen.«

Den Ärztetisch nannte man so, weil dort tatsächlich Ärzte saßen, die aber nebenberuflich auch schrieben, oder umgekehrt. Der Skeptiker Dr. Alfred Döblin hatte seine Praxis in einem Arbeiterviertel am Alexanderplatz, er hielt nicht viel von der Menschheit. Daher sein Spitzname: »Medizyniker«. Er schrieb unter anderem die Romane »Berlin Alexanderplatz« und »Berge, Meere und Giganten« Sein Kollege Dr. Gottfried Benn praktizierte in Charlottenburg und schrieb nebenbei, er war Lyriker. Dort besuchte ihn der Dichterkollege Joachim Ringelnatz, als

Der Arzt und Schriftsteller Alfred Döblin, 1926

er in Berlin wohnte. Hier, an diesem Tisch, dichtete Ringelnatz, während er auf seine Freunde wartete:

Die Dichter und die Maler
Und auch die Kriminaler,
Die kennen ihr Berlin.

Einmal hatte Kuttel Daddeldu, wie Ringelnatz sich in seinen Gedichten nannte, schon am Nachmittag mehr getrunken als sonst. Das erklärte er so: »Ich habe meine Abendration auch schon intus. Ich gehe ins Theater, und dort wird nicht serviert.« Er schwieg eine Weile nachdenklich, dann fügte er hinzu: »Und die Pause ist zum Saufen zu kurz.«

Angetrunken wie er war, wetterte er gegen Gott und die Welt. Und auch gegen die Ärzte. Er nannte sie »Beutelschneider«.

Gottfried Benns Frau, ebenfalls Ärztin, die zufällig anwesend war, polterte los und redete Ringelnatz mit seinem richtigen Namen an, weil sie wusste, dass er sich darüber ärgerte: »So was

Der Dichter Joachim Ringelnatz, 1926

dürfen Sie nicht sagen, Herr Bötticher! Heutzutage schon gar nicht. Fragen Sie Döblin, die Hälfte seiner Patienten zahlt ihm überhaupt kein Honorar.«

»Ich muss denen noch die Medikamente schenken«, bestätigte Döblin.

»Ja, ja, ich weiß«, höhnte Ringelnatz. »Die Ärzte sind alle Engel und kommen in den Himmel!«

Brecht mischte sich ein: »Ja, aber nur durch den Lieferanteneingang.«

Es war zwischen den beiden Arzt-Schriftstellern Benn und Döblin zur Gewohnheit geworden, Arzt-Anekdoten zu erzählen, womöglich eigene Erlebnisse.

Döblin ging eines Nachts, als ein scharfer Wind wehte, vom U-Bahnhof Alexanderplatz zu seiner Wohnung und begegnete dem Patienten Karsunke, dem Döblin am gleichen Tag strenge Bettruhe verordnet hatte.

Karsunke trug, in Ermangelung eines anderen, nur einen leichten Sommermantel.

Döblin schimpfte: »Wollen Sie sich den Tod holen, Karsunke?«

»Nein, nur Bier«, lautete die Antwort.

Gottfried Benns Praxis lag in einem gutbürgerlichen Viertel, aber seine Patienten waren nicht immer gutbürgerlich. Der Winkelbankier Markus Markus zum Beispiel, der auf nicht ganz saubere Weise viel Geld verdiente und auch sehr viel ausgab, für Alkohol und Frauen, die ebenfalls nicht ganz sauber waren, zumindest, was die Moral betraf.

...

»Ich kenne auch eine Arzt-Anekdote«, sagte Brecht eines Abends und erzählte, dass Picasso, als er zum ersten Mal den Namen Kokoschka hörte, verwundert gefragt habe: »Was ist das? Ein neuentdecktes Rauschgift?«

Brecht schwieg erwartungsvoll, aber niemand lachte. Schließlich sagte Döblin: »Wo bleibt da der Arzt?«

Brecht lachte: »Ich ging danach zu Kokoschka. Als er die Geschichte hörte, zerdrückte er aus Wut das Weinglas, das er in der Hand hielt. Die Wunden mussten genäht werden.«

Gelegentlich kam gegen Mitternacht ein gewisser Dr. Klapper zum Ärztetisch. Er schrieb nicht, das heißt, er schrieb dauernd Schecks aus, da er ein leidenschaftlicher Kartenspieler war und fast immer verlor. Zum Glück verdiente er viel Geld. Womit, das verrät sein Spitzname: »Nichtklapperstorch.«

Das »Romanische« war vormittags meistens leer. Jedenfalls war in der Schwimmerabteilung an jedem Tag, als ich sie um zehn Uhr früh betrat, nur ein Tisch besetzt. Peter Panter, Theobald Tiger, Kaspar Hauser und Ignaz Wrobel saßen da, alle vier in

Gestalt von Kurt Tucholsky, der, wie schon erwähnt, diese vier Namen als Pseudonym benutzte. Auf diese Weise konnte er sich anfänglich in verschiedenen Zeitungen selbst angreifen, verteidigen und mit sich selbst debattieren. Später, als die Decknamen bekannt geworden waren, ging das nicht mehr. Jetzt saß er im Café, in Gedanken versunken und schrieb.

Ich setzte mich zwei Tische entfernt, und der Zeitungsjunge Richard legte mir liebenswürdigerweise einen Haufen Zeitungen auf den Tisch. Ich begann, die Nachrichten zu studieren, schielte aber manchmal zu Tucholsky hinüber und sah, dass er zufrieden schmunzelte. Ich rief über die leeren Tische hinweg: »Ist das so lustig, was Sie da schreiben, Tucho?«

Tucholsky blickte kurz auf. »Nein es ist traurig«, antwortete er, »aber ich schreibe es lustig.«

Der Artikel erschien später in der »Weltbühne«, ich zitiere etwa das erste Drittel:

Ein älterer, aber leicht besoffener Herr

Wie Sie mich hier sehn, bin ick nämlich aust Fenster jefalln. Wir wohnen Hochpachterr, da kann sowat vorkomm. Es ist wejn den Jleichjewicht.

Bleihm Se ruhich stehn, lieber Herr, ick tu Sie nischt – wenn Se mir wolln mah aufhehm ... so ... hopla ... na, nu jeht et ja schon.

Ick wees jahnich, wat mir is: ick muss wat jejessen ham ...!

Jetrunken? Ja, det auch ... aber mit Maßen, immer mit Maßen. Es wah – ham Sie'n Auhrenblick Sseit? – es handelt sich nämlich bessüchlich der Wahlen. Hips ... ick bin sossuahm ein Opfer von unse Parteisserissenheit. Deutschland kann nich untajehn; solange es einich is, wird es nie besiecht! Ach, diss wah ausn vorjn Kriech ... na, is aber auch janz schön! Wenn ick Sie'n

Sticksken beileiten dürf … stützen Sie Ihnen ruhig auf mir, denn jehn Se sicherer!

Jestern morjen sach ick zu Elfriede, wat meine Jattin is, ick sahre: »Elfriede!«, sahr ick, »heute is Sonntach, ick wer man bisssken rumhörn, wat die Leite so wählen dhun, man muss sich auf den laufenden halten«, sahr ick – »es is eine patt… patriotische Flicht!«, sahr ick. »Ich ha nämlich'n selbstständigen Jemieseladn. Jut. Sie packt ma'n paar Stulln in, und ick ssottel los.

Es wücht ein ja viel jebotn, ssur Sseit … so ville Vasammlungen! Erscht war ick bei die Nazzenahlsosjalisten. Feine Leute. Mensch, die sind valleicht uffn Kien! Die janze Straße wah schwarz … und jrien … von de Schupo … un denn hatten da manche vabotene Hemden an … dies dürfen die doch nich! »Runta mit det braune Hemde!, sachte der Wachtmeister zu ein. »Diss iss ein weißes Hemde!, sachte der. »Det ist braun!«, sachte der Jriene. Der Mann hat ja um sich jejampelt mit Hände und Fieße; er sacht, seine weißen Hemden sehn imma so aus, saubrer kann a nich, sacht a.

Da ham sen denn laufen lassen. Na, nu ick rin in den Saal. Da jabs Brauselimmenade mit Schnaps. Da ham se erscht jeübt: Aufstehn! Hinsetzn! Aufstehn! Hinsetzn!, weil sie denn nämlich Märsche jespielt ham, und die Führers sind rinjekomm – un der Jöbbels ooch. Kenn Sie Jöbbels? Sie! Son Mann is det! Knorke. Da ham die jerufen: »Juden raus!«, un da habe ick jerufen: »Den Anwesenden nadhierlich ausjenomm!« un denn jing det los: Freiheit und Brot!, ham die jesacht. Die Freiheit konnte man jleich mitnehm – det Brot hatten se noch nicht da, det kommt erscht, wenn die ihr Drittes Reich uffjemacht ham. Ja. Und schecne Lieda ham die -!

Als die liebe Morjensonne,
schen auf Muttans Jänseklein,

zoch ein Rejiment von Hitla
in ein kleines Städtchen ein ...!

Na, wat denn, wat denn ... man witt doch noch singen dürfn! Ick bin ja schon stille – ja doch.

Und der Jöbbels, der hat ja nich schlecht jedonnert! Un der hat eine Wut auf den Thälmann! »Is denn kein Haufen da?«, sacht er –, »ick willn iebern Haufn schießen!« Und wir sind alle jounge Schklavn, hat der jesacht, und da hat er ooch janz recht. Und da war auch ein Kommunist, den ham se Redefreiheit jejebn. Ja. Wie sen nachher vabund ham, wor det linke Ooche wech. Nu, alles wat recht is; ich werde die Leute wahrscheinlich wähln. Wie ick rauskam, sachte ick mir: Anton, sachte ick zu mir, du wählst nazzenahlsosjalistisch. Heil!«

Tucholskys Name befand sich auch auf der Selbstmörderliste Dr. Doters. Er nahm sich im Jahre 1935 in Schweden das Leben. Mit ihm starben Peter Panter, Theobald Tiger, Kaspar Hauser und Ignaz Wrobel.

Die Damen tranken Tee

... im »Romanischen«. Warum sie die obligate Tasse Kaffee verschmähten, wusste niemand. Vielleicht wollten sie sich damit von den Männern abheben. Durchaus möglich, denn damals legten die Frauen Wert darauf, trotz Bubikopf und den ersten Männerhosen über schlanken Frauenbeinen, eine Frau zu sein. Über Frauenemanzipation sprach – außer Edith Hirsch alias Lady Pankhurst – niemand. Es war auch nicht nötig; die Frauen im »Romanischen« waren alle emanzipiert, ohne es besonders betonen zu müssen.

Auch sie hatten ihre Stammtische, insofern sie sich nicht unter die Männer mischten. Auch sie hatten ihren Stammtisch, vor dem sich jeder Mann fürchtete. Aber es gab auch den sogenannten »Kükentisch«, zu dem sich jeder Mann hingezogen fühlte. Hier saßen lauter junge Mädchen, die Sascha, Mascha, Nicky und sogar Pipi hießen und mit den grimmigsten Gesichtern der Welt verkündeten, dass sie fest entschlossen wären, sich von keinem Mann verführen zu lassen. Kurz nach Mitternacht änderten sie fast immer ihren Entschluss.

Es waren keineswegs käufliche Mädchen, aber das Abendessen musste doch, schon wegen der Kontaktaufnahme, von irgendjemand gespendet werden. Diese Mädchen stammten durchweg aus guten Familien, sie waren ihrer Jugend entsprechend gebildet und belesen, sie schwärmten für die Literatur und für die Literaten. Heute würde man sie als »Groupies« bezeichnen.

Ganz anders war die schöne Helene, die manchmal bei ihnen saß. Mit einem Abendessen war da nichts zu machen. Sie ging für Geld ins Bett, aber nicht mit Literaten, vor allem nicht mit jemandem aus dem »Romanischen«. Bankiers, reiche Industrielle waren ihre Kunden, die sie aber nicht nur für ihre Bettkünste bezahlten, sondern auch für ihren Geist und für ihren Humor.

Einmal beklagte sie sich bei mir: »Ich bin eine Idiotin. Andere gehen mit ihrem Mäzen ins Bett, das ganze dauert eine Stunde, höchstens zwei, und ich muss mich mit meinen Bankiers die ganze Nacht über Voltaire unterhalten.«

Die schöne Helene – ich kann ihren Namen nicht verraten, sie lebt heute noch und ist Mutter von zwei Söhnen, der eine ist Rechtsanwalt, der andere Staatsanwalt – schrieb auch lustige, spöttische Gedichte; einige davon wurden in »Querschnitt« abgedruckt. Sie war im »Romanischen« an allen Stammtischen ein gern gesehener Gast ihrer Schönheit und ihres Witzes wegen. Sie wurde auch zu allen Partys mitgenommen, bei denen die Gastgeber nicht allzu steif waren. Nur einmal protestierte die Gattin eines bekannten Psychoanalytikers. Helene bemerkte gelassen: »Sie soll sich nicht so aufplustern. Ihr Mann verdient ja sein Geld auch mit der Couch.«

Eine andere Frau, von der Helene abgelehnt wurde, war die Gattin eines berühmten Filmarchitekten mit Vornamen Marion, die ihren Mann am laufenden Band betrog. Als ihr Mann sie einmal in flagranti ertappte, leugnete sie alles unter Tränen. Der Mann blieb hart: »Aber ich habe es mit eigenen Augen gesehen!«

Marion wehrte sich: »Ja, wenn du deinen Augen mehr glaubst als mit!«

Als ihr Mann plötzlich starb, spielte Marion die trauernde

Witwe und weigerte sich auf einmal, sich mit der schönen Helene an einen Tisch zu setzen. Als ein gemeinsamer Bekannter im »Romanischen« erzählte, dass Marion die ganze Nacht am Bett ihres sterbenden Mannes gesessen hatte und ihm schließlich die Augen zugedrückt hat, bemerkte Helene spitz: »Das muss nicht schwer gewesen sein. Der arme Mann hat das ein Leben lang trainiert.«

Helene erzählte unter Freunden auch offen, wie sie auf die sogenannte »schiefe Bahn« gekommen war. »Diese Bahn ist nicht schief, sondern horizontal«, sagte sie meistens. Und dann erzählte sie, dass sie sehr arm gewesen sei, nachdem ihre Eltern, völlig verschuldet, gemeinsam Selbstmord begangen hatten. Einige Wochen nach der Beerdigung konnte Helene sich vor Schulden nicht mehr retten und suchte den Bankier auf, der Hauptgläubiger ihres Vaters war, und klagte ihm ihre Nöte. Der Bankier, ein recht gutaussehender Mann mit grauen Schläfen, aber offenbar nicht sehr zart besaitet, kam gleich zur Sache: »Haben Sie schon mal daran gedacht, gnädiges Fräulein, Ihren Körper zu verkaufen?« Der Schock war kurz, dann erklärte Helene: »Bisher noch nicht, aber jetzt denke ich daran.«

Am Tisch der schreibenden Frauen residierte Else Lasker-Schüler, wenn sie nicht gerade irgendeinen Mann an einem anderen Tisch attackierte. Sie war immer dicht umlagert von jungen, angehenden Schriftstellerinnen, die sie gerne unter ihre Fittiche nahm. Ein häufiger Gast war außerdem Käthe Kollwitz, die Zeichnerin des Elends, deren Graphiken den Zeichnungen von George Grosz ähnelten, allerdings ohne dessen Angriffslust und Schärfe. Ihre Modelle saßen im Vorzimmer ihres Mannes, der Armenarzt im Norden Berlins war. Auch »Adlerauge« saß oft hier, so nannte man die Bildhauerin Renée Sintenis, denn sie sah aus wie eine Indianerprinzessin. Wie die Tänzerin Valerie Samosch, die sich Valeska Gert nannte, aussah, konnte niemand genau definieren. Nur, dass sie hässlich war, das stand fest. Ihre wilden, grotesken, schamlosen Bewegungen machten sie noch hässlicher. Sie trat am Anfang ihrer Karriere zusammen mit ihrem Bruder auf. In einem Badeort bot einmal ein empfindlicher Herr dem Barbesitzer, in dessen Lokal die Gert auftrat, eine große Summe Geldes an, damit er die Gert nicht mehr auftreten ließe, solange er in dem Kurort weilte und das Lokal besuchte.

Auch eine Baltin mit dem eigenwilligen Namen Ea von Carlberg saß täglich hier und erzählte jedem Neuling, dass vor drei Jahren ein Theaterstück von ihr in Riga gespielt worden sei. Das erzählte sie ungefähr zehn Jahre lang und kam während der ganzen Zeit nicht auf die Idee, aus den drei Jahren vier oder fünf oder noch mehr Jahre zu machen. Meistens leistete ihr ihre Schwester, die Sent M'Ahesa hieß und eine bekannte Tänzerin war, Gesellschaft. Wie die beiden aber wirklich hießen wusste niemand.

Anders war es mit den Tänzerinnen-Schwestern Katta Sterna und Maria Solveg. Sie hießen in Wirklichkeit Hofer, das war bekannt, weil die dritte Schwester, die Schauspielerin Johanna Hofer, unter ihrem richtigen Namen auftrat und auch heiratete. Der Glückliche hieß Fritz Kortner.

Auch das »gefundene Kind« Rahel Sanzara trank oft hier ihren Tee. Ihren Spitznamen erhielt die bekannte Autorin, als sie und ihr Romanerstling »Das verlorene Kind« von einem Ullstein-Gewaltigen entdeckt und auffallend stark gefördert wurde.

Bedeutend populärer wurde ihre Nachfolgerin am Stammtisch: Irmgard Keun, eine blutjunge Berlinerin, die aber mit ihren Eltern in Köln lebte. Alfred Döblin, der sie als Achtzehnjährige in Köln kennengelernt hatte, ermunterte sie zum Schreiben.

Sie kam nach Berlin, als die aufregenden zwanziger Jahre schon fast zu Ende waren, brachte das Manuskript ihres Romans mit, fand auf Anhieb einen Verleger, und der Roman »Gilgi, eine von uns« schlug wie eine Bombe ein. Das Buch war eigentlich die letzte literarische Sensation einer an Sensationen reichen Zeit. Ihr zweites Buch »Das kunstseidene Mädchen«, würde man heute als Bestseller bezeichnen. In der »Weltbühne« schrieb Kurt Tucholsky: »Hurra! Eine schreibende Frau, die Humor hat.«

Ein Satz, der verriet, dass auch Tucholsky zu jenen gehörte, die Frauen keinen Humor zutrauten. Auch Dr. Erich Doter gehörte zu diesen überheblichen Typen; jedenfalls waren in seiner Kartei nur drei Frauen vermerkt: an der Spitze die »Sadele«, wie man Adele Sandrock liebevoll nannte, dann die Königin des »Romanischen« und schließlich der »Paradiesvogel«.

Adele Sandrock ... kam oft mit ihrer Schwester ins »Romanische« und setzte sich beharrlich an Else Lasker-Schülers Tisch, obwohl die beiden Damen sich nicht besonders liebten. Die angriffslustige und streitsüchtige Else freute sich immer über diesen Besuch; sie rechnete mit einem handfesten, erlösenden Krach, der dann auch meistens eintraf.

Der Grund für diese Feindschaft war lustig, wenn auch etwas mysteriös.

Die versnobte Ehefrau eines bekannten Architekten gab in ihrer Grunewalder Villa jeden Monat einen »literarischen« Empfang, zu dem aber die Dame des Hauses nicht nur Künstler einlud. In der Halle lag auf einem kleinen Tisch ein in rotes Saffianleder gebundenes Gästebuch aus. Otto Lehmann, ein nicht minder versnobter Inhaber eines kleinen Bankhauses, der offenbar andauernd mit irgendeinem x-beliebigen Otto Lehmann verwechselt wurde, schrieb hinter seinen Namen auch die Berufsbezeichnung »Bankier«.

Die nächsten Gäste waren Fritz Kortner und der Regisseur Karl-Heinz Martin. Kortner äffte die Eintragung seines Vorgängers nach und schrieb hinter seinen Namen »Mime«. Martin folgte dem Beispiel sogar sehr ausführlich: »Theater- und Filmregisseur«.

Nun kam die Lasker-Schüler, las die Unterschriften und, da sie immer gern aus dem Rahmen fiel, konstruierte sie aus dem Wort Belletristik eine neue Berufsbezeichnung für sich: »Belletriste«.

Jetzt kam der nächste Gast, ein Berliner Spaßvogel, der nie ermittelt wurde, und schrieb unter den Namen von der Lasker-Schüler, von der wir ja wissen, dass sie nicht mehr der schlanke »Prinz von Theben« war, sondern gehörig in die Breite gegangen war, in Druckbuchstaben:

Belle warste,

triste biste.

So weit, so gut.

Aber jetzt kam Sadele mit ihrer unzertrennlichen Schwester, kurzsichtig wie sie war, setzte sie ahnungslos ihren Namen unter das Spottgedicht.

Kurz darauf wurden die frevlerischen Zeilen entdeckt, die ganze Gesellschaft amüsierte sich, nur die Lasker-Schüler nicht. Sie war überzeugt davon, dass die Sandrock die Übeltäterin war, und beschimpfte sie. Die Sandrock wehrte sich nur schwach, sie beteuerte: »Ich war es nicht. Ich habe das Zeug nicht einmal gelesen. Aber wenn ich es gelesen hätte, hätte ich mit doppeltem Schwung unterschrieben.«

Seit dieser Geschichte, die auch in einigen Klatschspalten veröffentlicht wurde, waren die Damen nicht mehr gut aufeinander zu sprechen. Aber sie gingen sich nicht aus dem Wege, sondern begegneten sich immer kampfbereit.

Die Schauspielerin Asta Nielsen, 1921

Meistens blieb die Sandrock Siegerin, wie zum Beispiel an jenem Nachmittag, als sie sich mit der Else über Wert und Unwert der Männer stritt. Nach lautstarker Debatte rief die Sandrock mit ihrer Stentorstimme den Kellner: »Karl, bringen Sie mir einen Besen!«

Karl wunderte sich: »Einen Besen? Wozu?«

Die Sandrock: »Frau Lasker-Schüler möchte nach Hause reiten.«

Übrigens: Bei oben erwähntem literarischem Abend waren auch Musiker eingeladen, die dann etwas zum Besten geben mussten. Die Gäste ließen ein nicht ganz erstklassiges Streichquartett über sich ergehen. Als das Gestreiche zu Ende war und die Gäste applaudierten, sagte jemand zu Adele: »Die spielen seit drei Jahren zusammen.«

»So lange kam es mir gar nicht vor«, brummte Adele.

Die Sandrock verband eine innige Feindschaft mit Tilla Durieux. Sie behauptete, dass die Durieux ihr alle Rollen stehlen würde. Angeblich steckte Tillas Mann dahinter, Paul Cassirer, der mit Max Reinhardt befreundet war. In Wirklichkeit steckte das Alter dahinter, Sadeles Alter, die noch mit beinahe achtzig am liebsten Dreißigjährige gespielt hätte. Immerhin hat sie ihren größten Filmerfolg als Siebzigjährige errungen: als Juno, die Gattin von Zeus, in »Amphitryon«.

Einmal spielten die beiden Intimfeindinnen in einem Stück gemeinsam. Die Durieux, die sich aufgrund ihrer Rolle älter machen musste, als sie war, fragte die Sandrock: »Wie mache ich mich älter, Liebste?«

»Sie brauchen nur den Puder abwischen, Liebste«, antwortete Sadele.

»Die Durieux hat wirklich Pech mit ihren Männern«, sagte jemand, als die Nachricht sich verbreitete, dass Paul Cassirer sich das Leben genommen hatte. Er war nämlich bereits der dritte von den Lebensgefährten der Durieux, der Selbstmord beging.

Sadele bemerkte auch gleich: »Ich würde sagen, es ist eher umgekehrt.«

Trotzdem beschloss sie, der Witwe zu kondolieren. Allerdings formulierte sie ihre tröstenden Worte etwas hart – ob absichtlich oder zufällig, das werden wir wohl nie erfahren. Sie sagte: »Wie schrecklich für Sie, Sie Arme. Das ist bereits der dritte Mann, den Sie auf dem Gewissen haben.«

Ebenfalls gestört war das Verhältnis zwischen Sadele und der berühmtesten Filmschauspielerin der zwanziger Jahre, Asta Nielsen. Dabei waren sie keine Konkurrentinnen, denn Asta Nielsen stand schon auf dem Höhepunkt ihrer Karriere, als die Sandrock gerade ihre ersten Erfolge als Komische Alte hinter sich hatte. Aber bissig war Sadele damals schon. Nach einer Premiere erhielt sie im Hotel Kaiserhof, wo sie wohnte, einen Brief:

Die Schauspielerin Tilla Durieux, 1906

»Sehr geehrte Frau Sandrock! Frau Asta Nielsen hat mich beauftragt, Ihnen zu Ihrem letzten großen Filmerfolg herzlichst zu gratulieren. Otto Schmidt, Sekretariat Nielsen.«

Sadele antwortete grollend, wenn auch ihre Bassstimme nicht zu hören war: »Sehr geehrter Herr Schmidt! Frau Sandrock hat mich beauftragt, bei Ihnen höflich anzufragen, wer Frau Asta Nielsen ist. Erich Knute, Portier des Hotels Kaiserhof.«

Die Königin, in die das ganze Café verliebt war, die aber von Albert Einstein respektlos als »die Göre aus Galizien« bezeichnet wurde, war eine blutjunge Schauspielerin, die aus Wien nach Berlin gekommen war. In Wien wurde sie »der Fratz aus Drohobycz« genannt, denn Elisabeth Bergner stammte aus diesem kleinen galizischen Städtchen, das damals zur K.-u.-k.-Monarchie gehörte. Heute ist dort Russland. In Wien spielte sie sehr oft zusammen mit Alexander Moissi. Beide hatten einen eigenartigen Singsang in ihrer Stimme. Man sagte über sie, leicht spöttisch:

Moissi ist das Cello, die Bergner die Bratsche. Alfred Polgar überschrieb einmal eine Theaterbesprechung: »Moissi-Bergner-Konzert«. Er schrieb über die Bergner: »Es wetterleuchtet von Zukunft um diese Elisabeth.« In Berlin schwärmte Kurt Tucholsky: »Bergner! Bergner! Wie das im höchsten Sinne Kunst ist und im höchsten Sinne Natur.«

Während der Proben war die Bergner sanft, freundlich und ließ ihre Stimme wie ein Vogel über die Rampe zwitschern. Nur einmal zeigte sie ihre Krallen. Da sagte sie bei einer Generalprobe zu Reinhardt: »Ich habe furchtbare Angst.«

Reinhardt fuhr sie an: »Angst? Das Wort kenne ich nicht.«

Freundlich wandte sich die Bergner an den Dramaturgen, der neben ihr stand: »Herr Held, bringen Sie bitte dem Herrn Direktor ein Wörterbuch.«

Nachdem sie berühmt geworden war, kam sie nicht mehr jeden Tag ins »Romanische«, aber bis dahin tanzte sie tagtäglich auf den Männerherzen herum.

Lisl, wie man sie liebevoll nannte, hatte für jeden ein Lächeln, ein freundliches Wort, einen bedeutungsvollen Augenaufschlag. Aber mehr nicht.

Als jemand ihr einmal wegen ihrer Koketterie Vorwürfe machte, antwortete sie: »Wenn eine A sagt, muss sie nicht unbedingt auch B sagen.«

Sie kannte auch keinen Liebeskummer, das behauptete sie jedenfalls: »Der einzige Mann, der mir Schmerzen zugefügt hat, war mein Zahnarzt.«

Zum ersten Mal stand sie bei einer Matinee in Arnolt Bronnens »Vatermord« auf einer Berliner Bühne, ihren Durchbruch erreichte sie schon zwei Jahre später bei Max Reinhardt in Bernard Shaws »Heilige Johanna«. Diese Premiere im Deutschen Theater vom 14.10.1924 machte Theatergeschichte, nicht nur in Deutschland. Was nur wenige wissen, im Deutschen Theater fand an diesem Tag die Welturaufführung dieses später so berühmt gewordenen Stückes statt. In vielen Ländern wurde Reinhardts Inszenierung kopiert; Elisabeth Bergners Leistung jedoch konnte keine Darstellerin kopieren, in keiner Sprache. Sie spielte die Rolle auch in Englisch, sogar bei den Bernard-Shaw-Festspielen in Malvern, nachdem sie vor Hitler nach England emigriert war. Der rothaarige irische Dichter war genauso in sie verliebt wie ihr Lieblingskameramann Adolf Schlazy, ein kleiner schmächtiger Mann, der im »Romanischen« einmal einen blonden Riesen geohrfeigt hatte, als der über die Bergner abfällige Bemerkungen machte. Wenn man den Riesen nicht zurückgehalten hätte, wäre aus dem kleinen Kameramann Hackfleisch geworden. So schlug er nur die Hacken zusammen, überreichte Schlazy seine Visitenkarte und forderte im Gegenzug Schlazys Karte. Aber der hatte keine. Ich gab dem Riesen meine und sagte, dass ich Schlazy sekundieren würde.

Aber es kam nicht dazu. Als der Riese, ein Leutnant a.D., ehemaliger Freikorpsmann und späterer Nationalsozialist, hörte, dass Schlazy in Wirklichkeit Schlesinger hieß und Jude war, lehnte er ab. »Mit Untermenschen duelliere ich mich nicht«, erklärte der blonde Riese, und dem kleinen Schlazy fiel ein Stein vom Herzen. Er sagte erleichtert: »Der erste sympathische Nazi, den ich kenne.«

Nach der »Heiligen Johanna« lag der Bergner ganz Berlin zu Füßen, nach ihren Stummfilmen »Nju«, »Der träumende Mund«, »Ariane« und »Fräulein Else«, die alle ihr späterer Ehemann, der ungarische Regisseur Paul Czinner drehte, ganz Deutschland, ja ganz Europa.

Als Paul Czinner von dieser europäischen Verehrung in der Zeitung las, seufzte er: »Kunststück! Europa lebt ja nicht mit ihr zusammen.« Dann gab er einen Ausspruch Lisls zum Besten, der sehr tief blicken läßt:

Bei Czinners hatte es Krach gegeben. Nach einer einstündigen Debatte ging Lisl die Puste aus, und sie gab nach: »Also, meinetwegen, ich gebe zu, dass ich nicht immer recht habe.« Sie machte zerknirscht eine kurze Pause, dann rief sie aus: »Aber unrecht habe ich nie!«

Die Bergner hatte lange Zeit vor Czinner mit dem österreichischen Schriftsteller Albert Ehrenstein eine stürmische Liebschaft. Der Dichter liebte sie abgöttisch, er wurde ihr Förderer, beschaffte ihr in Innsbruck, in Zürich und in Wien die ersten Rollen. Die Bergner dankte es ihm nicht. Sie verließ ihn, kehrte zurück zu ihm, verließ ihn wieder – je nach Laune. Der Dichter schrieb:

Nur dies Weib hat kein Herz,
Nicht mehr glaub ich den Musen.
Nicht wiegt mein Vers.

Ehrenstein sagte einmal nach einer handfesten Auseinandersetzung zu ihr: »Ich hoffe, dass Gott dir deine Grausamkeit verzeiht!«

Lisl zuckte die Achseln: »Warum sollte er nicht? Das ist schließlich sein Beruf.«

Lisl war ein Biest. Begreiflich, dass es auch Leute gab, die sich freuten, als sie, »die Größte«, zusammen mit »dem Größten«, mit Max Reinhardt, einen geradezu grandiosen Durchfall erlebte.

Im Berliner Theater inszenierte Reinhardt »Romeo und Julia« mit der Bergner und Franz Lederer in den Hauptrollen. Die Premiere endete mit einem Skandal. Heute, in einer Zeit der oftmals kargen Bühnenbilder und seltsamen szenischen Eskapaden, würde es Reinhardt und seinem Bühnenbildner Ernst Schütte sicher anders ergehen, aber damals konnten die Zuschauer, zu denen ich auch gehörte, nicht begreifen, warum Julias Bett mitten im Hof stehen musste. Die berühmte Balkonszene wurde nach hinten gespielt, Romeo stand mit dem Rücken zur Rampe, man sah kaum etwas von den Darstellern, und hören konnte man auch nichts. Kein Wunder also, dass das Publikum unruhig wurde, zu lachen und zu buhen anfing. Eine junge Dame in der Mitte des Parketts sprang auf und deklamierte, den heiligen Shakespeare verfälschend: »Die Lerche ist es, und nicht die Nachtigall …« Das feine Premierenpublikum kannte seinen Shakespeare, brach in brüllendes Gelächter aus und applaudierte. Die Bergner lief weinend von der Bühne.

Egon Erwin Kisch, der neben mir saß, flüsterte: »Das hat sie einmal verdient. Schon wegen dem armen Lehmbruck.«

Und so erfuhr ich ganz nebenbei, dass ein Freund von Kisch, der Bildhauer Wilhelm Lehmbruck, sich im Jahr 1919 wegen Lisl das Leben genommen hatte.

Die auffallendste Erscheinung war der »Paradiesvogel« Ruth Landshoff. »Mal Huhn, mal Hahn«, sagte die schöne Helene über sie. Die Landshoff war bisexuell, sie liebte Männer und Frauen abwechselnd oder gleichzeitig. Und die Männer, die sie liebte, waren auch nicht ausschließlich Männer, wenigstens interessierten sie sich zeitweise auch für das eigene Geschlecht.

Ruth Landshoff war die Nichte des Verlegers Samuel Fischer, eine Tatsache, die von jüngeren und älteren Autoren gebührend gewürdigt wurde. Sie hatte die Figur eines mit weiblichen Reizen ausgestatteten Knaben und trug, schon vor Marlene Dietrich, gerne Männeranzüge in der Öffentlichkeit. Sogar bei Theaterpremieren erschien sie in einem schwarzen Samtsmoking à la George Sand.

Ihre große Liebe war Francesco von Mendelssohn, die zweitgrößte Karl Vollmoeller, Max Reinhardts Hausautor. Francesco, Sohn des bekannten Bankiers und Kunstmäzens Mendelssohn, war künstlerisch vielseitig begabt und zweiseitig veranlagt. Er hatte die gleiche Figur wie die Landshoff und trug manchmal auch ihre Anzüge. Bei intimen Zusammenkünften auch ihre Röcke.

Es gab keine zweite Frau in Berlin, die so oft gemalt oder gezeichnet wurde wie die Landshoff. Die Maler waren verrückt nach ihr. Oskar Kokoschka stieg einmal, nicht mehr ganz nüchtern, nachts durch das Fenster der Parterrewohnung von Vollmoeller auf dem Pariser Platz in ihr Schlafzimmer ein. Ruth wachte auf und meinte, es wäre das damals berüchtigte »Nachtgespenst«, das schon unzählige Frauen belästigt hatte. Sie nahm ihre kleine Damenpistole vom Nachttisch und knipste das Licht an. Als sie sah, dass das Nachtgespenst Kokoschka war, stellte sie die überflüssige Frage: »Was wollen Sie hier, Oskar?«

Kokoschka stotterte angesichts der Pistole: »Ich wollte … ich wollte Sie dringend zeichnen …«

»Das freut mich«, antwortete Ruth, kletterte aus dem Bett, zog ihren Morgenrock an und dirigierte mit der Pistole Kokoschka ins Wohnzimmer. So entstand Kokoschkas Ruth-Landshoff-Porträt.

Ruth hielt sich einige Tage mit Francesco in Wien auf, und es gelang ihr, in ihrem Samtsmoking in den Zuschauerraum des ehrwürdigen und sehr auf Tradition bedachten Burgtheaters zu gelangen. Der kurzsichtige alte Billeteur hielt sie für einen Jungen. Die Besucher im Parkett waren weniger kurzsichtig, in der Pause gab es aufgeregtes Geflüster.

Nach ihrer Rückkehr wurde sie im »Romanischen« gefragt: »Was hast du in Wien gemacht?«

»Furore«, lautete Ruths lapidare Antwort.

Else Lasker-Schüler, die ja mit der Zeit immer rundlicher wurde, wollte einige Pfunde abnehmen und machte deshalb eine Diätkur. Die Landshoff traf die Lasker-Schüler in Max Reinhardts Komödie am Kurfürstendamm bei der Aufführung des Stückes »Die Gefangene« von Edouard Bourdet. Das Stück war für die damalige Zeit sehr gewagt, die Hauptfiguren waren zwei lesbische Frauen, dargestellt von Helene Thimig und Lil Dagover.

Else machte in der Pause bissige Bemerkungen über die beiden Darstellerinnen, mit denen die Landshoff befreundet war. Diese lenkte auch gleich vom Thema ab: »Ist Ihre Diätkur schon zu Ende?«

»Ja, seit zwei Tagen.«

Ruth musterte sie kritisch: »Sie haben nichts abgenommen, nur ihre Zunge ist spitzer geworden.«

Ein häufiger Gast am Kükentisch war der bekannte Lebemann Hugo von Lustig, der mit »nikotinfreien« Zigaretten Millionen verdient hatte. Er gab in seiner Villa am Hohenzollerndamm oft große Gesellschaften, zu denen er auch meistens unbekannte Schauspielerinnen einlud, die dann oft bis zum Frühstück blieben und mit Hugos Hilfe eine mehr oder weniger bescheidene Karriere machten. Die berühmteste unter ihnen war Henny Hiebel, die unter dem Namen La Jana als Revuetänzerin und Filmschauspielerin groß wurde.

Hugo von Lustigs Einladungen spielten sich nicht etwa so ab, wie sich Einladungen damals normalerweise abzuspielen pflegten; zwei Wochen vorher, wie die Etikette es verlangt, flatterte ein Brief ins Haus, Stahlstich auf Bütten: »Hugo von Lustig gibt sich die Ehre ...« Nein, Herr von Lustig schickte Theaterkarten. Er mietete an solchen Abenden ein ganzes Operettentheater, dessen Logen und Parkett er mit seinen Gästen besetzte. Nach der Vorstellung wurden die Gäste und das gesamte Ensemble zum Hohenzollerndamm transportiert. Ruth Landshoff war immer unter ihnen.

Eines nachts war unter den Ensemblemitgliedern eine junge Tänzerin, auf die Ruth offenbar nicht gur zu sprechen war. Die Tänzerin hatte ein sehr auffallendes Abendkleid an, weiße Seide mit überdimensionalen Blumen bemalt.

Die Landshoff mokierte sich: »Ich habe das Gefühl, dass Sie heute Nacht unbedingt gepflückt werden wollen.«

Wie gesagt, Ruth Landshoff war kapriziös, begabt, hübsch, witzig, manchmal ein wenig vorlaut. Ihr Tod aber, in der Emigration, war unendlich leise. Sie saß mit einer Freundin in New York bei einer Theaterpremiere in der ersten Reihe. Als der letzte Vorhang fiel, applaudierte das Publikum begeistert, nur die Landshoff rührte keinen Finger. Ihre Freundin stieß sie leicht an. Sie fiel vorüber. Sie war tot.

Die Mimen und andere

Irgendwo schrieb ein gestrenger Professor, dass Schauspieler in einer Kulturgeschichte nichts zu suchen hätten, auch wenn sie noch so berühmt seien. Sie sind reproduzierende Künstler, ihre Wirkung erlischt, wenn der Vorhang fällt, sie schaffen nicht für die folgenden Jahrhunderte und schon gar nicht für die Ewigkeit. Deshalb flicht ihnen die Nachwelt auch keine Kränze.

Ich aber! Selbst, wenn der Herr Professor recht haben sollte, denn man schreibt ja normalerweise auch keine Kulturgeschichte in Anekdoten. Und ohne die Schauspieler wäre so eine Anekdotensammlung viel ärmer.

Die Schauspieler sind anekdotenträchtig. Sie sind empfindlicher als ein normaler Bürger. Das bringt ihr Beruf mit sich; jeden Abend tragen sie ihre Haut zu Markte. Ein Versprecher, ein falsches Wort kann ihnen Hohn und Spott einbringen. Ihr Existenzkampf war immer schon übermäßig groß; als Schauspieler erfolglos sein, bedeutet gleichzeitig auch ausgeschlossen sein. In keinem Berufszweig gedeiht so viel Missgunst, Eifersucht, Neid und Hass.

Es gibt zwar viele erstrebenswerte Rollen, aber es gibt noch viel mehr Schauspieler. Wenn man die Konkurrenz auch nicht niederknallen kann, so kann man sie doch mit feinen, kleinen Sticheleien oder mit groben Messerstichen erniedrigen, herabsetzen, durch Beharrlichkeit sogar vernichten. Wenn dieser

Konkurrenzkampf mit Florett gefochten wird, also mit Witz und Humor, dann entstehen die Schauspieleranekdoten.

Fangen wir gleich mit Kortner an, wobei ich bemerken möchte, dass meine obige Anmerkung zum Konkurrenzkampf nicht auf Fritz Kortner zutrifft. Kortners Witz war von schneidender Ironie, trotzdem war er kein bösartiger Mensch, aber er konnte sehr böse werden. Seine Hässlichkeit war ihm bewusst. Wie man ihn erbarmungslos über sein Aussehen aufgeklärt hat, erzählt er in seinen Memoiren »Aller Tage Abend«.

Als er noch Schauspielschüler in Wien war, brannte er darauf, bei einer Schulaufführung des »Wilhelm Tell« den Melchtal zu spielen. Er beschloss seinen Lehrer Meixner um die Rolle zu bitten. Kortner schreibt: »Als ich nun meinen Vorsatz ausführte und Meixner drängte, mich den Melchtal spielen zu lassen, sagte er: ›Mit dem Ponim können Sie den Melchtal nicht spielen, mit dem Ponim sollten Sie überhaupt nicht zum Theater gehen. In einer Bank oder einem Geschäft spielt das keine Rolle.‹«

»Ponim« war dem Wienerisch-Jüdischen entnommen, es ist das hebräische Wort für »Gesicht«.

Diese Worte waren betäubend schmerzlich. Es war ganz still geworden in der Klasse, aber der Unterricht nahm, über den ins Herz Getroffenen hinweg, seinen Fortgang.

Vielleicht sollte ich schon hier erwähnen, dass Kortner kurze Zeit darauf die Rolle des Melchtal bekam, und zwar von keinem Geringeren als Leopold Jessner, Intendant des Schauspielhauses zu Berlin. Er sollte in der berühmt gewordenen Wilhelm-Tell-Aufführung, in der zum ersten Mal die nüchterne Jessnersche Treppe statt Gebirge und Wald das Publikum aufbrachte, den Melchtal spielen. Aber Jessner war schon nach den ersten Proben so begeistert von ihm, dass er ihm die Rolle des Landvogtes Geßler gab. Mit dieser Rolle eroberte Kortner 1919 Berlin.

Der Schauspieler Fritz Kortner, 1926

Aber schon vorher, während der harten Lehrzeit in österreichischen Provinzstädten, gewöhnte sich Kortner an sein »Ponim«. Er kokettierte sogar damit und verbreitete selbst die meisten Witze darüber. Seine erste Begegnung mit Jessner erzählte er ebenso wie sein Erlebnis mit Max Liebermann bei jeder Gelegenheit:

»Ich wollte das Romanische Café gerade verlassen, als Piscator durch die Drehtür hereinkam. Ich blieb stehen und wechselte mit Piscator einige Worte. Wir standen in der Nähe des Slevogt-Tisches, der an diesem Tag einen prominenten Besucher hatte: Professor Liebermann. Ich hörte, wie Slevogt zu dem alten Herrn sagte: ›Den müsstest du mal malen, Max, den Kortner. Ich kenne ihn sehr gut, wenn du willst, rede ich mit ihm. Er soll mal zu dir ins Atelier kommen, Modell sitzen.‹

Liebermann winkte ab: ›Det Jesicht kenn ick doch auswendich. Er braucht mir nich im Atelier zu sitzen, den piss ick im Freien in den Schnee.‹«

Eine andere von ihm erzählte Anekdote zeigt seine Schlagfertigkeit: Bevor er in Berlin als Nachfolger von »Pferdinand« Bonn, Richard III. spielte, hatte er diese Rolle früher schon einmal in einem böhmischen Provinzstädtchen verkörpert. Nach dem berühmten Ausruf: »Ein Pferd! Ein Pferd! Ein Königreich für ein Pferd!« antwortete jemand aus dem Zuschauerraum – es war, wie Kortner später erfuhr, ein betrunkener Pferdehändler, der auch mit Eseln handelte: »Genügt nicht ein Esel?«

»Doch«, rief Kortner zurück. »Kommen Sie doch herauf.«

Kortners Witz war kurz und schlagkräftig. Meistens blieb dem Gegner die Luft weg, er fand keine Erwiderung. Wie zum Beispiel ein Kameramann, der mit Kortner einen Film drehte. Kortner führte zum ersten Mal in seinem Leben Filmregie, er kannte sich mit der Technik nicht aus, ließ sich aber nichts sagen. Ich kann ein Lied davon singen, denn ich war Regieassistent – fünf Tage und keinen Tag länger – bei dem Film »Der brave Sünder«, dessen Hauptrolle Max Pallenberg spielte. Kortner war nervös, polterte herum, schimpfte auf die »Scheißkamera« und die »Scheißmikrophone«, die ihm Fesseln auferlegten. Eines Tages schrie ihn, des ewigen Krachs müde, sein Kameramann an: »Mit Ihnen kann man nicht arbeiten, Herr Kortner. Sie sind ein Diktator. Ein Nero.«

»Und Sie sind ein Zero«, erwiderte Kortner, diesmal sehr freundlich.

Ich weiß nicht, ob das jetzt Folgende unbedingt in eine kulturgeschichtliche Anekdotensammlung gehört. Aber ich berichte trotzdem, dass am nächsten Tag der Architekt Julius von Borsody Kortner eine Ohrfeige versetzte, bevor er endgültig das Atelier verließ. Der Regieassistent, also meine Wenigkeit, ging mit und kehrte nicht mehr zurück.

Ein zweites Beispiel Kortnerscher Kürze ist der Dialog im

Friseurladen: »Wie soll ich Ihre Haare schneiden, Herr Kortner?« – »Schweigend.«

Manchmal baute Kortner eine Anekdote dramatisch auf, wie zum Beispiel an jenem Abend, als er im leeren »Romanischen« mit Arnolt Bronnen auf Leopold Jessner wartete. Sie waren um sieben Uhr verabredet gewesen, nun ging es schon auf acht zu, und Jessner war immer noch nicht da. Kortner hatte Hunger, er wollte hinüber in die Rankestraße gehen, in das Weinrestaurant des Schauspielers Victor Schwannecke, aber Bronnen hielt ihn zurück.

»Um diese Zeit ist noch kein Mensch da«, sagte Bronnen.

»Ich will keine Menschen um mich haben, ich will essen«, erwiderte Kortner.

»Wenn dir ein leeres Lokal nichts ausmacht, dann iss hier.«

»Ich bin doch kein Selbstmörder«, brummte Kortner.

Bronnen konnte nichts erwidern, denn das Essen im »Romanischen« war ausgesprochen schlecht. Als man einmal dem Besitzer, Herrn Fiering, deshalb Vorwürfe machte, wehrte der ab: »Das ist nur für die Laufkundschaft gedacht. Meine Stammgäste essen woanders, wenigstens die, die Geld haben. Und die, die kein Geld haben, essen höchstens zwei Eier im Glas. Und auch die werden noch geteilt.«

Jessner war immer noch nicht da, Kortner wollte aufstehen, aber Bronnen drückte ihn wieder auf den Stuhl zurück: »Wir müssen warten. Der Jessner ist sehr empfindlich. Er haut mir sonst noch mein Stück um die Ohren.«

Das Stück hieß »Ostpolzug«, Jessner wollte es aufführen und tat es auch später. Es war ein Einpersonenstück, und diese eine Person sollte Fritz Kortner sein.

Bronnen lockte: »Du willst doch nicht so eine Rolle aufs Spiel setzen wegen der blöden Fresserei!«

Kortner ließ sich die Speisekarte bringen, studierte sie eine Zeitlang, dann bestellte er: »Karl, bringen Sie mir bitte als Vorspeise einen Teller orthographische Fehler.«

»Haben wir nicht«, erklärte der Kellner.

Kortner klopfte auf die Karte: »Die Speisekarte ist doch voll davon!«

Er bestellte ein Wiener Schnitzel und hinterher einen Mokka. Er nahm einen kleinen Schluck und stellte dann die Tasse vorsichtig auf den leeren Stuhl, der neben ihm stand.

Bronnen wunderte sich: »Was soll denn das bedeuten?«

»Der Stuhl ist zu schwach, er muss sich ausruhen«, antwortete Kortner.

Jessner kam, setzte sich beinahe auf die Mokkatasse, aber das künstlerische Geschäft wurde perfekt.

Kortner schloss nicht gerne Bekanntschaften und ging auch nicht gerne zu Partys. Nur bei Betty Stern war er öfters zu sehen. Einem Bankier, von dem man allgemein wusste, dass er nur selten ins Theater und schon gar nicht ins Kino ging, kam Kortner irgendwie bekannt vor. Mit dem vollgefüllten Teller in der Hand sprach er Kortner am Büfett an: »Haben wir uns nicht schon irgendwo gesehen? Vielleicht voriges Jahr in …«, bevor er den Satz beenden konnte, erklärte Kortner: »Ich war nicht dort.« Damit ließ er den verblüfften Bankmann stehen.

Kortner konnte manchmal auch freundlich unfreundlich sein.

Eines Tages spazierte er auf dem Kurfürstendamm in Richtung Romanisches Café und unterhielt sich mit seinem Begleiter in seiner kurz angebundenen, einsilbigen Art. Plötzlich wurde er von einer nicht mehr ganz jungen und nicht sehr hübschen Dame überschwänglich begrüßt: »Fritz, wie schön, dass ich dich sehe!«

Es entstand eine kurze, gezwungene Unterhaltung, die in der Hauptsache von der Dame bestritten wurde, bis sie endlich ihr Opfer losließ und weiterging.

Kortners Begleiter erkundigte sich: »Wer war diese aufdringliche Person?«

Kortner zuckte die Achseln: »Keine Ahnung. Ich weiß nicht einmal, wer Sie sind.«

Einmal wurde am Stammtisch die junge Schauspielerin Gerda Maurus, eine Entdeckung Fritz Langs, von allen anwesenden Herren über den grünen Klee gelobt. Nur Kortner meldete sein Veto an: »Mir gefällt ihre Nase nicht.«

Alexander Granach protestierte: »Das kannst du nicht sagen! Sie hat eine bildhübsche Nase.«

»Die sie aber zu hoch trägt«, konterte Kortner.

Ein andermal lästerte man über seinen Kollegen, der jüngst eine Dame mit mehr als stürmischer Vergangenheit geheiratet hatte.

»Der Ärmste behauptet, dass sie ihm alle ihre früheren Sünden gebeichtet hätte.«

»Dazu gehört aber viel Mut«, warf Leonhard Frank ein.

»Und ein tolles Gedächtnis«, bemerkte Kortner.

Kortner hatte, dank seiner spitzen Zunge, viele Feinde unter seinen Kollegen. Meistens waren das latente Feindschaften, die irgendwann plötzlich zum Ausbruch kamen. Wie zum Beispiel mit Hans Albers, der Kortner einmal auf der Bühne coram publico mächtig verprügelt hatte.

Das geschah im Theater in der Königgrätzerstraße, das Viktor Barnowsky von Max Reinhardt gepachtet hatte. Das Stück hieß »Rivalen«, und Hans Albers und Kortner, Rivalen auch im Leben, spielten hier zwei Rivalen auf der Bühne, unter Erwin Piscators Regie. Der Autor des Stückes, Maxwell Anderson, schrieb tatsächlich eine Schlägerei vor, die aber bei unseren Akteuren blutig endete. Schon am nächsten Tag übernahm der Bajuware Fritz Kampers Kortners Rolle.

Die Ursache der Feindschaft zwischen den beiden Protagonisten kannte niemand. Wenigstens nicht genau. Albers soll einmal gesagt haben: »Shakespeare muss Kortner schon gekannt haben, bevor er seinen Shylock schrieb.«

Und Kortner soll seine Abneigung gegen Albers folgendermaßen begründet haben: »Er erinnert mich an die Nibelungensage. So muss Siegfried ausgesehen haben. Aber Siegfried hatte nur eine Achillesferse, Albers dagegen besteht aus lauter Schwachstellen.«

Wie dem auch sei, Kortner nahm Albers aufs Korn, wo er nur konnte. Vor der Schlägerei, versteht sich, nachher redeten sie nicht mehr miteinander. Kurz vorher hatte sich im »Romanischen« eine Szene ereignet, die nach Meinung der Anwesenden Grund für die Prügelei war, die Albers Kortner verabreichte.

Kortner war von einem Gastspiel aus Wien zurückgekommen und sagte freundlich zu Albers: »Ich habe in Wien eine große Verehrerin von Ihnen kennengelernt, Herr Albers.«

»So?«, brummte Albers, der die Falle witterte.

Aber Kortner blieb freundlich: »Sie hat gesagt, sie würde ihr halbes Vermögen dafür geben, wenn sie Sie einmal als Liliom sehen könnte.«

»Ist die Dame reich?«, erkundigte sich Albers.

»Reich, jung und hübsch«, verkündete Kortner.

»Na schön, Kortner«, sagte Albers auffallend freundlich, »geben Sie mir ihre Adresse. In drei Monaten wird sie mich in Wien als Liliom sehen können.«

»Das wird Ihnen nicht gelingen«, grinste Kortner, »die junge Dame ist seit ihrer Geburt blind.«

Albers blieb eine Sekunde die Luft weg, dann aber erklärte er ruhig: »Sie sind ein Arsch mit zwei Löchern, Kortner. Was bei Ihnen unten und oben herauskommt, ist Scheiße.«

Damit stand er auf und ging. Am Tisch herrschte eine Weile betroffenes Schweigen.

Endlich ließ sich Piscator vernehmen: »Der Hans wird zwar immer gleich ordinär, aber du warst auch nicht viel feiner, Fritz.«

»Tja, das goldene Wiener Herz!«, witzelte Bronnen. Er spielte darauf an, dass Kortner Wiener war.

Brecht mischte sich ein: »Wie ist das nun wirklich mit dem goldenen Wiener Herzen, Fritz? Gibt es das überhaupt? Manche behaupten, dass die Wiener Grantler sind, verlogen und im Grunde bösartig.«

Kortner zog die Schultern hoch: »Sie machen halt aus ihrer Mördergrube ein Herz.«

Kortner hatte einen Freund, den er »Halbschauspieler« nannte. Der gute Mann hieß Heinrich Müller, sein Künstlername war Henry Möller, und das war auch das einzig Künstlerische an ihm – behauptete Kortner.

Die beiden waren Schulfreunde und sind später zusammen in verschiedenen Provinzstädten aufgetreten. Müller-Möller besaß eine sehr angenehme, sonore Sprechstimme, aber nicht das geringste Talent als Schauspieler.

»Die Hauptsache ist«, meinte er, »die Stimme fliegt über die Rampe.«

Die Stimme flog allabendlich und letzten Endes Müller-Möller auch; er bekam bald keine Engagements mehr. Er suchte sein Glück in Berlin und fand es im Kino, das damals familiär Kintopp hieß. Er wurde das, was er im Grunde immer war: Deklamator. So hießen die Herren, meistens verkrachte Schauspieler, die in der Stummfilmzeit den Ablauf und die Geschehnisse des Films erklärten. Das war in der Zeit, als der Film noch »Kinematographie« hieß und ein großer Teil des Publikums, junge Liebespaare nämlich, weniger wegen der über die Leinwand flimmernden Gestalten ins Kintopp gingen, sondern vielmehr wegen der Dunkelheit, die sie im Zuschauerraum umhüllte. Sie konnten dort ungestört ihre eigenen Liebesszenen spielen, mit geschlossenen Augen sogar, denn es entging ihnen ja trotzdem nichts von der Handlung, der Deklamator erklärte alles.

»Der Schnurrbärtige mit der Kreissäge ist der verruchte Verführer, der die blauäugige zarte Jungfrau mit brutalen Händen und mit sonst noch was von Stufe zu Stufe in ihr Unglück stürzt. Das Kind, das zur Welt kommt, veranlasst die gewaltsam Entjungferte, sich das Leben zu nehmen. Sie hinterlässt einen Abschiedsbrief: Da meine zarte Gesundheit es nicht erlaubt, ins Wasser zu gehen, wähle ich die todbringende Spitze eines Küchenmessers, mit dem einst einige Mal Hackfleisch für den Mann, der vorgab, mich zu lieben, zubereitet wurde. Lebet wohl und sorget für mein Kind.«

Nach einer kurzen Pause fuhr der Deklamator fort: »Und jetzt, meine verehrten Zuschauer, überprüfen Sie Ihre Hände, ob sie sich nicht auch irgendwohin verirrt haben, denn in wenigen Minuten wird das kinematographische Theater mittels Elektrizität erhellt.«

Müller-Möller wurde ein Star. Nicht nur wegen seiner deklamatorischen Künste; er brillierte auch als Dichter, denn er entwarf seine erklärenden Texte selber und wurde sogar von den Filmverleihern engagiert, um die Untertitel zu schreiben.

»Die Titel müssen immer kurz, schlicht und einfach sein und trotzdem herzergreifend«, erklärte er seine erhebende Kunst seinem Freund Kortner.

Damals gab es noch eine Zensur, und die Zensurkarte erhielt, in Reihenfolge nummeriert, sämtliche Untertitel des Films. Müller-Möller erreichte bei der Verfilmung des Romans »Ich lasse dich nicht« von Hedwig Courths-Mahler den Höhepunkt der Untertiteldichtung. Ich finde, in seinen einprägsamen Sätzen spiegelt sich eine ganze Epoche.

Genießen Sie wenigstens den ersten Akt:

1. Fred Immler als Fürst Sascha.
2. Edith Meller als Elina Heinzius.
3. Lebe wohl, liebes Schwesterchen, halte dich brav im fernen Petersburg.
4. Danke, meine Herren, ich habe genug gespielt.
5. Die fürstliche Familie Kalmocki.
6. Ich gebe dir mein Ehrenwort, mein Vater, dass ich nicht mehr spielen werde!
7. Durch mein Ehrenwort habe ich mir die Hände gebunden, ich kann dir also in Zukunft nicht mehr helfen!
8. Tatjanas neue Gesellschafterin ist heute früh aus Petersburg eingetroffen.
9. Ich glaube, das ist das Beste, Sascha, du heiratest.
10. Ich hoffe, dass Sie meiner Tochter nicht nur eine Gesellschafterin, sondern eine treusorgende Freundin sein werden.
11. Fräulein Heinzius, dies ist unser Studierzimmer.
12. An den Sprachstudien werde ich mich auch beteiligen.
13. Welch glückliches Brautpaar!
14. Ich danke, Fräulein Heinzius, verfügen Sie über den Rest des Tages für sich.
15. Die Großfürstin liebt Sascha und sucht ihn für sich zu gewinnen.
16. Fürst Sascha, wissen Sie, welche Wünsche Ihre Frau Mutter in Bezug auf uns beide hegt?

17. Wer ist diese Dame?
18. Also eine Dienerin!
19. Fräulein, mein Schuhband hat sich gelöst, binden Sie es mir!
20. Verzeihung, Kaiserliche Hoheit, das ist Kavaliersdienst!
21. Warum weichst du der Großfürstin aus? Bedenke, was für ein Vorteil es für uns wäre, wenn du mit ihr die Ehe eingingst.
22. Ich kann diese Frau nicht lieben.
23. Ich liebe, du liebst, er liebt.
24. Ich liebe dich, liebst du mich? Ende des 1. Aktes.

Man beobachte den epischen Anfang und die dramatische Steigerung bis zum Schluss des ersten Aktes.

Und was sagte die Zensur dazu? Sie war großzügig: »Die gutachtliche Prüfung des hier vorgelegten Films hat ergeben, dass gegen seine Vorführung im Ortspolizeibezirk Berlin voraussichtlich nicht eingeschritten werden wird. Der Film darf jedoch weder vor Kindern noch in Jugendvorstellungen vorgeführt werden.«

Kortners Freund wurde ein gern gesehener Gast im »Romanischen«. Oft musste er seine neuesten Dichtungen vortragen. Er tat es, mit Selbstironie und ohne Scheu. Seine sonore Stimme dröhnte durch die beiden Bassins, aus der Nichtschwimmerabteilung strömten die Gäste herbei und hörten amüsiert zu.

Müller-Möller hat viel Geld verdient, da er sehr geschäftstüchtig war. Er kam auf die Idee, die freie Rückseite der Handzettel, die die Kinos als Reklame für die jeweils laufenden Filme druckten und auf der Straße verteilen ließen, an andere Branchen zu vermieten. Zigarettenfabrikanten und Lebensmittelhersteller wurden Müller-Möllers Kunden. Er verfasste auch die Reklametexte und verband sie immer mit dem Film, der gerade lief. Er wagte es sogar Filmtricks zu erklären. Bei dem Film »Ein Automobilunfall« war zum Beispiel zu lesen:

»Da sich dem Kinematographen zuliebe niemand die Beine abfahren lässt, muss man zur Ausführung dieser Szene einen Krüppel nehmen, dem die Unterschenkel fehlen. Zur Aufnahme werden ihm ein paar künstliche Unterschenkel mit lose aufgelegten Beinkleidern angesetzt, und so schmerzt es ihn dann auch nicht, wenn ihm diese Beine von dem dahersausenden Automobil abgefahren werden. Dass der Krüppel, nachdem ihm der Besitzer des Automobils die Beine mit Hammer und Zange wieder befestigt hat, vergnügt von dannen gehen kann, findet seine Erklärung in einem ganz gleich gekleideten und gemalten [geschminkten] Mann, der im geeigneten Moment an die Stelle des ›Verletzten‹ tritt. Während dieser Zeit hat natürlich der Apparat nicht gearbeitet, und dem Publikum bleibt die Auswechslung bei der Vorführung des Films unsichtbar.

Kauft Liebig's Fleischextrakt!«

Der Deklamator wurde ein wohlhabender Mann. Auf John Höxters Liste stand er noch vor Kortner, was allerdings nicht viel besagt. Kortner ging mit Geld sehr zurückhaltend um, zurückhaltender als mit Menschen.

Wenn ich zurückdenke, war der Film eigentlich nie stumm – selbst der Stummfilm nicht. Gleich am Anfang stellte man fest, dass es einfach unmöglich war, einen absolut stummen Film, also ohne Geräusche, ohne Musik, länger als etwa zehn, fünfzehn Minuten anzuschauen. Es war zu ermüdend, manche Zuschauer schliefen sogar ein. Die ersten Klavierspieler und Geiger in den Kinos dienten lediglich dazu, die Zuschauer wach zu halten. Erst später gingen die Musiker dazu über, Stimmung zu erzeugen: bei dramatischen Szenen drohende Klavierakkorde, bei Liebesszenen schluchzende Geigen. Manchmal leisteten die Musiker, besonders die Geiger, Schauerliches.

Als einmal bei einer Vorführung in einem Berliner Kino der damalige Topstar Asta Nielsen am Ende des Films wieder einmal ins Wasser gehen wollte, schrie einer aus dem Zuschauerraum: »Asta, nimm den Geiger mit!«

Ähnlich erging es dem anderen großen Star, Henny Porten, die ebenfalls sehr häufig und sehr gerne ins Wasser ging. Als sie in einem Film auf einer Brücke stand und in dramatischen Gebärden mit sich rang, ob sie springen sollte oder nicht, begann der Klavierspieler den damals sehr populären Gassenhauer zu spielen: »Hupf, mein Mädchen hupf …« Die Zuschauer, innerlich schon bereit, in Tränen auszubrechen, brachen in brüllendes Gelächter aus.

Um derartige Pannen zu vermeiden, ließ Oskar Meßter, einer der Pioniere des deutschen Films und ebenfalls Stammgast im »Größenwahn« und auch im »Romanischen«, durchgehende Begleitmusiken zusammenstellen, und die Noten wurden dann in den Kinos verteilt.

Machen wir einen Sprung nach vorne, vom Stummfilm zum Tonfilm, besser gesagt zum Sprechfilm, wie man den Tonfilm in seiner Anfangszeit genannt hat. Von dem Urgroßvater des sprechenden Films, von Dénes von Mihaly [auch ein Stammgast im Café]. Aber auch seine Väter versammelten sich im Romanischen Café sehr oft zu einem kleinen Kaffeeplausch mit Schauspielern und Regisseuren, die an die Zukunft des sprechenden Films nicht glauben wollten. Sie hörten zwar interessiert zu, wenn die drei Ingenieure Hans Vogt, Joseph Massolle und Dr. Joseph Engl, die unter dem Namen Triargon eine Arbeitsgemeinschaft gegründet hatten, behaupteten, dass sie den Schall fotografieren könnten – aber sie schenkten den drei »Phantasten« keinen Glauben. Trotzdem war fast das ganze Schwimmerbassin des »Romanischen« im Jahre 1924 Zeuge, als an einem Sonntagvormittag im Alhambra-Kino der erste deutsche Tonfilm, »Das Leben auf dem Dorfe«, in einer Gesamtlänge von fünfzehn Minuten Dauer vorgeführt wurde. Ein krähender Hahn auf dem Misthaufen im Konzert mit grunzenden Schweinen, war die Sensation dieses Films, auf den die Eingeladenen allerdings mit Empörung reagierten. Im »Romanischen« lachte und schimpfte man, in der Pause ebenfalls. So schrieb zum Beispiel Herbert Ihering im Berliner »Börsen-Courier«: »Der sprechende Film ist die phänomenale Erfindung des Geistes, der sich gerade durch seine letzte Vervollkommnung wieder aufhebt, der seinen ganzen Reichtum nur darauf verwendet, um gegen sich selbst tödliche Waffen zu schmieden.«

Heinrich Fraenkel in der »Lichtbildbühne«: »Die Filmkunst darf den akustischen Film nie beachten, denn des künstlerischen Films Wesenheit und Hauptstärke liegt – in seiner Stummheit!«

Der »Berliner Lokalanzeiger«: »Es muss offen ausgesprochen werden, dass eine Revolutionierung der Lichtspielkunst, eine Umstellung von dieser Erfindung nicht in Frage kommt. Der sprechende Film als abendfüllender Ersatz unseres Stummfilms ist etwas, was scharf und energisch abzulehnen ist.«

Axel Eggebrecht in der »Literarischen Welt«: »Das dreidimensionale Tönen werde ich mir nie im Leben als eine künstlerische Bereicherung einreden lassen, es ist vielmehr ein hanebüchener Kitsch; ganz genau entsprechend jenen Postkarten, auf denen Esel aufgeklebte Schwänze aus Haaren haben.«

Luis Trenker in einem Interview:

»Die empfindsamen Kreise sind jahrelang unserer Kunst fern geblieben – sie werden von neuem abwandern, wenn der organisierte Lärm die Leinwandruhe zerstört, und sie haben recht. Aus dem Krachfilm wird dann wohl noch ein Filmkrach werden.«

Hier haben sich sämtliche Goethes geirrt. Auch die Mimen, die Stein und Bein schworen, nie in einem derartigen Spektakel mitzuwirken. Die einzige Ausnahme war Hans Albers.

»Ich glaube nicht, dass ihr recht habt«, sagte er. »Ich finde, dieser Hahn auf dem Misthaufen hat sehr natürlich gekräht, ohne falsches Pathos. Wir müssen es ihm halt nachmachen.« Und Hans Albers machte es dem Hahn nach. Er war in dem ersten deutschen Tonfilm mit Normallänge »Die Nacht gehört uns«, der im Jahre 1929 von Regisseur Carl Froelich gedreht wurde, so unverschämt natürlich, wie er es sein ganzes Leben lang war, auf der Bühne, im Film und im Leben. Dieser Film bedeutete für ihn den künstlerischen Durchbruch vom Revueschauspieler zum – etwas ruppigen – Liebhaber und Charakterdarsteller.

Seine Freunde nannten ihn Hänschen, er selbst nannte sich Otto-Otto, nach dem berühmten Jockey Otto Schmidt, der im Hoppegarten meistens als erster ins Ziel kam. Das Publikum feuerte ihn mit »Otto!-Otto!«-Rufen an, und Albers übernahm den Namen: Er wollte immer und überall der erste sein. Man kann nicht sagen, dass Otto-Otto geistreich war, aber er hatte Humor und einen schlagfertigen Witz.

Dass er gerne Alkohol trank, wusste man. Eine Flasche Whisky am Tag hat er verkonsumiert, aber der Alkohol zeigte bei ihm keine besondere Wirkung. Sein Freund Heinrich George verputzte ebenfalls eine Flasche mit Leichtigkeit, aber mit Folgen.

Es war auf dem Presseball, als George stöhnte: »Ich hasse diese Bälle. Man wird dauernd angestarrt, um Autogramme angegangen, sogar angepumpt. Ich möchte einmal inkognito hingehen können, so dass mich niemand erkennt.«

Albers sagte trocken: »Versuch doch mal, nüchtern hinzugehen.«

Ich fragte Albers einmal: »Sag mal Hänschen, wie machst du das, dass man dir nicht anmerkt, wenn du betrunken bist?«

»Ganz einfach«, lachte er. »Wenn ich nüchtern bin, benehme ich mich so, als ob ich besoffen wäre.«

Wenn es nach dem Wiener Regisseur Fred Sauer gegangen wäre, hätte Albers niemals Karriere gemacht. Sauer drehte in Berlin mit dem damals berühmten Stummfilmstar Erna Morena den Film »1001 Nacht«, in dem Albers als noch unbekannter junger Schauspieler einen Märchenprinzen spielte. Schon während der Aufnahmen meuterte der Kameramann wegen der wasserblauen Augen des jungen Mannes, und am nächsten Tag waren alle Anwesenden im Vorführraum hell verzweifelt; der Märchenprinz sah aus wie ein augenloser Blinder. »Die Rolle wird umbesetzt!«, bestimmte der Regisseur. »Und dieser Kerl gestern gleich zweimal gefilmt, das erste und das letzte Mal!«

So können Regisseure irren. Allerdings hatte Albers lange Zeit Schwierigkeiten wegen seiner hellen Augen, bis der findige Kameramann Karl Fuglsang extra einen Filter für Hänschens Augen konstruierte.

Am Anfang seiner Karriere hatte Hans Albers mehr Schulden als blonde Haare auf dem Kopf. Trotzdem speiste er immer nur in den besten Lokalen. Einmal erwischte ihn sein Schneider bei Hiller Unter den Linden, als er Kaviar aß.

»Herr Albers, Sie essen hier Kaviar, aber Ihre Anzüge bezahlen Sie nicht!«

»Woher wissen Sie, dass ich den Kaviar bezahle?«, erwiderte Albers.

...

Nach dem großen Erfolg von Albers in dem ersten deutschen

Tonfilm tauchten im »Romanischen« Männer auf, die man bis dahin dort nie gesehen hatte: Filmproduzenten. Sie saßen sonst im Hotel Adlon und im Hotel Bristol Unter den Linden, wo sie ihre Geschäfte abwickelten. Sie sahen, wenn auch unwillig, ein, dass die Zukunft dem Tonfilm gehörte und suchten plötzlich Berührung mit Schriftstellern, von denen sie annahmen, dass sie »Dialoge« schreiben könnten. »Der Dialog« – das war das neue Schlagwort der Filmleute.

Unter ihnen gab es zwei, die schon zu Stummfilmzeiten zu den Stammgästen gehört hatten: Gregor Rabinowitsch und Richard Eichberg. Zwei Koryphäen, typisch für die Branche.

Rabinowitsch hat große aufwändige Filme gedreht mit Brigitte Holm, Jan Kiepura und vielen anderen. Außerdem hat er Willi Forst als Regisseur für den Film entdeckt. Als gebürtiger Russe sprach er sehr schlecht deutsch. Er formulierte einige komische Sätze, über welche die Insider wochenlang lachten und die auch Eingang in Dr. Doters Sammlung fanden. ...

Über die Ufa-Filme sagte er: »Ich Ufa nicht verstehen. Machen teure Filme. Idee originell, Drehbuch gut, Regisseur gut, Kameramann gut, Schauspieler gut – Film schlecht.«

Als 1933 Hitler Reichskanzler wurde, meinte er: »Ich bin sehr skeptisch.« Das war er nach Ansicht der Nazis auch, er musste Deutschland bald verlassen.

Richard Eichberg, Produzent und Regisseur in einer Person, war weder witzig, noch hatte er Humor; er war einfach unfreiwillig komisch. Er war, von Anfang an dabei, vom Film besessen. Schon in der Stummfilmzeit hat er viele Schauspieler für den Film entdeckt, so unter anderen auch seinen späteren Regiekollegen Ernst Lubitsch, der ihm an Ruhm dann bedeutend überflügelte. Lilian Harvey holte Eichberg in Wien aus einer Girltruppe heraus. Der zweiteilige Riesenschinken »Der Tiger von Eschnapur« und »Das indische Grabmal« gehörte zu den größten geschäftlichen Erfolgen der deutschen Filmgeschichte.

Das Produzentenrennen um Hans Albers nach dessen Erfolg gewann Eichberg. Er fuhr gleich nach der Premiere von »Die Nacht gehört uns« nach Wien, wo Albers Theater spielte, und engagierte ihn für den Kriminalfilm »Der Greifer« als Partner für die bildhübsche Charlotte Susa.

Ein Drehbuch gab es nicht, mehr als der Titel war noch nicht vorhanden. Ich war damals bei Eichberg Regieassistent und zugleich eine Art Dramaturg.

Die Autoren Egon Eis und Rudolf Katscher erhielten den Auftrag, für Albers ein Drehbuch zu schreiben. Wir brüteten Tag und Nacht an der Geschichte. Einmal hatte Eichberg auch einen Einfall. Er nannte es wenigstens so.

»Also, hört mal her! Ick stell mir eine Szene so vor: Hotelhalle, jroße Treppe mit Teppich. Die Susa kommt die Treppe runter, jroß uffgemacht, mit Plöröse und so. Hänschen steht unten, in Reithose und Stiebel, mit ner Reitpeitsche in der Hand. Und nu die beiden.« ...

Eichberg brachte das Kunststück fertig, auch in der englischen Sprache zu berlinern. Nach dem »Greifer« drehten wir in den Londoner Ellstree-Studios den Film »Großstadtschmetterlinge« mit der Chinesin Anna May-Wong in zwei Versionen, deutsch und englisch. Eichberg führte in beiden Sprachen Regie. Das hörte sich so an:

»Pass uff, Änneken, du lugst aus dem window, wenn deine Mutta kommt, jibst du ihr die flowers.«

Eichberg besaß auch prophetische Gaben; zu dem mehr als wohlbeleibten Heinrich George sagte er einmal im Atelier, als er Schwierigkeiten mit einer Kameraeinstellung hatte: »Für dich, Orje, muss erst der Breitwandfilm erfunden werden.«

George wurde immer dicker und dicker, er machte sich jedoch keine Sorgen wegen seines Leibesumfangs. Im Gegenteil, er fand ihn durchaus in Ordnung; er war ein selbstbewusster Dicker, der auf seinen Bauch stolz war. Andere fanden seine Leibesfülle bedenklich, wie zum Beispiel Gottfried Benn, der eines Tages im »Romanischen« George auf den Bauch klopfte: »Heinrich, mir graust vor dir. Du solltest abnehmen.«

»Wie sollte ich das anstellen, ohne zu hungern?«, fragte George.

Der Dichter-Arzt erkundigte sich: »Machst du in der Früh irgendwelche Morgengymnastik?«

»Und ob, rief George aus. »Ick stehe uff!« ...

Einer der größten Erfolge Georges war Götz von Berlichingen, der Mann mit der eisernen Hand. Zu der Hand gehörte auch ein eiserner Panzer, aber ein solcher ließ sich für George im passenden Umfang nirgends auftreiben, weder in Berlin noch in den Provinztheatern, wo George immer wieder Gastspiele als Götz gab.

Er ließ sich also auf eigene Kosten einen Brustpanzer anfertigen, den er überallhin mitnehmen konnte. Er reiste zu diesen Gastspielen meist per Flugzeug, und bei den damaligen kleinen Maschinen achtete man noch viel strenger als heute auf das Gewicht der Koffer, die die Passagiere mitführten.

Einmal flog George nach Dresden zu einem Götz-Gastspiel. Er hatte für seinen Bruder einige Bücher mitgenommen, deshalb wog sein Koffer bedeutend mehr, als erlaubt war. George nahm kurz entschlossen den Brustpanzer und die eiserne Hand aus dem Koffer und zog beides an. Die Passagiere begrüßten ihn mit Applaus, als er als leibhaftiger Götz von Berlichingen die Maschine betrat. ...

Ich habe schon erwähnt, dass es für Schauspieler gar nicht so leicht war, Stammgast im »Romanischen« zu sein; den meisten fehlte die Zeit. Den ganzen Tag Proben, abends Vorstellung, die mit nüchternem Magen absolviert wurde. Demnach ging man nach der Vorstellung in ein Esslokal, meistens in die Rankestraße, zu Schwannecke. Schwannecke war ... früher einmal Intendant in München gewesen und spielte später dezente komische Rollen in Berlin bei Reinhardt. Er sagte einmal über diese Dualität: »In München kam ich mir viel komischer vor.«

Bei dieser Gelegenheit sollte ich vielleicht erzählen, dass Schwannecke mit seinem Weinlokal Mode machte; eine Anzahl von Künstlern eröffnete oder finanziere Restaurants und Bars. Die berühmten Regisseure Fritz Lang und Joe May machten auf dem Kurfürstendamm das Esslokal »Piowatti« auf, der Komiker Henry Bender eine Bar in der Meineckestraße, der Filmregisseur E.A. Dupont und sein Produktionsleiter Viktor Skutezky das Nachtlokal »Biguine« gegenüber der Skala, der Maler Rudolf Schlichter ein schwäbisches Restaurant und so weiter.

Schwanneckes Lokal war kein Wartesaal wie das »Romanische«, bei ihm verkehrten diejenigen, die ihr Ziel erreicht hatten: die Arrivierten. »Lauter Snobs«, behaupteten jene Leute im »Romanischen«, die abends immer noch zwei Eier im Glas aßen. Auch Anton Kuh war dieser Ansicht, denn er überschrieb bei einer Matinee einen seiner berühmten Stehgreifvorträge mit »Schwannecke oder die Pleite des Geistes«.

Es war nicht einfach und vor allem ziemlich teuer, bei Schwannecke Stammgast zu werden. Sogar Max Schmeling, der frischgebackene Europameister, musste im Gästebuch des Lokals bitten:

Künstler, schenkt mir Eure Gunst,
Boxen ist doch auch 'ne Kunst.

Logischerweise war Schwannecke sehr stolz auf sein Lokal. Einmal kam sein ehemaliger Kollege Otto Falckenberg aus München zu Besuch nach Berlin. Schwannecke besuchte mit ihm eine Vorstellung bei Reinhardt. Danach hielt er ein Taxi an und gab dem Chauffeur folgenden Auftrag: »Fahren Sie uns bitte in ein Lokal, wo man sehr gut essen kann und außerdem viele prominente Künstler trifft.«

Falckenberg war sehr beeindruckt, und Schwannecke war sehr stolz, als der Wagen in der Rankestraße vor seinem Lokal hielt. Er gab auch ein reichliches Trinkgeld.

Der Chauffeur bedankte sich: »Danke schön, Herr Schwannecke!« …

Aber zurück ins »Romanische«: Hier gab es einen Tisch, den man »Wöchner« nannte. Prominente, viel beschäftigte Schauspieler, die wenig Zeit hatten, aber ihre Zugehörigkeit zum Künstlervolk beweisen wollten, trafen sich einmal in der Woche an einem großen Tisch. Zu ihnen gehörte Max Pallenberg, der unvergessliche »Schwejk« der Piscator-Bühne, der mit der ebenso unvergesslichen Operettendiva Fritzi Massary verheiratet war.

Pallenberg wurde von den Berlinern geliebt, die Massary geradezu vergöttert. Ihr Lied von Oscar Straus »Warum soll eine Frau kein Verhältnis haben« ging in den Sprachschatz der Berliner über. Diese Titelzeile wurde als ironische Redewendung benützt, als Überschrift von Zeitungsartikeln und ähnliches mehr. Die Massary war keine zappelige Hopsasadiva, sie stand meistens wie eine Statue auf der Bühne, die linke Hand in die Hüfte gestemmt, und sang sehr damenhaft ihre meist schlüpfrigen Lieder: »Madame Lencos, die war nun mal so!«

Die Massary selber war gar nicht »so«. Im Leben war der Star der Revue- und Operettenbühnen eine bürgerliche Frau und sehr eifersüchtig auf ihren Max. Dieser erzählte manchmal schmunzelnd eine Geschichte:

Die Massary und Pallenberg fuhren aus Zürich nach Davos. Max stand am halboffenen Fenster auf dem Korridor des Zuges und schnappte frische Luft, als eine hübsche Blondine an ihm vorbeiging. Sie wurde durch das Rütteln des Zuges aus dem Gleichgewicht gebracht und fiel beinahe auf Pallenberg, der sie auffing.

Die Massary beobachtete diese Szene aus dem Abteil und stellte Max zur Rede: »Warum hast du dieser aufgetakelten Blondine zugezwinkert?«

Max protestierte: »Ich habe ihr nicht zugezwinkert.«

Die Massary beharrte darauf: »Du hast ihr zugezwinkert! Ich habe es deutlich gesehen. Nachher hast du deine Augen gerieben und so getan, als ob dir etwas hineingeflogen sei.«

»Isr es auch«, erklärte Pallenberg. »Der Rauch der Lokomotive.«

Die Massary sagte nichts. In Davos angekommen, packte sie die Hand ihres Mannes und schleifte ihn den Zug entlang zur Lokomotive. Hier herrschte sie ihn an: »Jetzt schau dir die Lokomotive genau an, knie dich nieder und bitte mich um Verzeihung.«

Max schaute sich die Lokomotive an und musste feststellen, dass sie elektrisch betrieben wurde.

Ob er in die Knie sank, erzählte er nicht.

Die Pallenbergs verdienten viel Geld, sie waren reiche Leute und konnten sich eine Weltreise leisten, was damals noch viel Geld kostete. Als sie zurückkamen, erwartete sie eine schlimme Nachricht: Die Amstel-Bank in Amsterdam, der sie ihr Vermögen anvertraut hatten, war in Konkurs gegangen, und Fritzi und Max waren plötzlich arme Leute. Der Verlust traf sie jedoch

Der Schauspieler Max Pallenberg, 1916

nicht alzu tief, denn als Pallenberg nach dem Bankrott zum ersten Mal wieder in das »Romanische« kam, schien er seine gute Laune nicht verloren zu haben, er witzelte über sein Unglück.

Billy Wilder, der später berühmt gewordene Hollywood-Regisseur, der damals ein kleiner Journalist in Berlin war, fragte ihn: »Wie kommt es, Herr Pallenberg, dass Sie trotz Ihrer Pleite so guter Laune sind?«

Pallenberg zuckte die Achseln: »Ein Komiker, der sein Geld mit Lachen verdient hat, muss es auch lachend verlieren können.« …

Erik Jan Hanussen, der eigentlich Hermann Steinschneider hieß, war erst Ende 1929 nach Berlin gekommen. In der Tasche trug er ein Gerichtsurteil aus Leitmeritz, einen Freispruch aus einem gegen ihn angestrengten Prozess. Darin wurde ihm bescheinigt, dass »das Gericht nicht in der Lage ist, festzustellen, dass der Angeklagte die Gabe des Hellsehens nicht besitzt«.

Mit diesem Freibrief eroberte er bald Berlin. Er eröffnete ein Büro im Hause Kurfürstendamm 16 für »Psychographologie, Geschäfts- und Schicksalsberatungen«. Die sonst so cleveren Berliner vergaßen ihre Cleverness und strömten zuhauf zu ihm. Sie merkten nicht, dass der große »Magier«, wie er sich gern nannte, mit den übelsten Tricks arbeitete. Er war ein Gauner, aber ein genialer. Und witzig und schlagfertig zugleich.

Im »Romanischen«, wo er Stammgast wurde, saß er einmal in einer größeren Gesellschaft mit Ruth Landshoff zusammen. Diese fragte ihn: »Sie können also in die Zukunft sehen und in die Vergangenheit?«

»Das kann ich«, antwortete Hanussen. »Ich kann Ihnen zum Beispiel genau erzählen, was Sie in ihrer Schulmädchenzeit getan haben.«

Die Landshoff rief erschrocken: »Aber doch nicht hier an diesem Tisch!«

Einmal begrüßte er den bekannten Weinhändler Berger aus der Französischen Straße mit »Guten Tag, Herr Kollege.«

Der Weinhändler wunderte sich: »Wieso sind wir Kollegen?«

»Sie sind auch Magier«, antwortete Hanussen, »Sie können Wasser in Wein verwandeln.« …

Hanussen verfügte über Selbstironie. Als man ihn fragte, ob er auch Geister beschwören könne, sagte er: »Natürlich kann ich Geister beschwören. »Aber sie kommen nicht.«

Er erzählte gern von Pannen, die sich am Anfang seiner Karriere ereignet haben.

Einmal hypnotisierte er einen Mann, der von seiner Trunksucht geheilt werden wollte. Hanussen stellte ihm ein Glas Sliwowitz vor die Nase, dann hypnotisierte er den Mann, strich einige Mal über dessen rechten Arm und murmelte: »Sie werden das Glas nicht in die Hand nehmen können!«

Dann befahl er ihm, die Augen zu öffnen, und sagte: »Jetzt trinken Sie auf mein Wohl!«

Der Mann nahm das Glas und leerte es auf einen Zug. Er war Linkshänder.

Manchmal gab er auch zu, dass er oft mit Hilfe von Mitarbeitern, die im Zuschauerraum saßen, seine Kunststücke vollbrachte. So berichtete er von einem Reinfall, der in Brünn in einer Nachmittagsvorstellung passiert war, bei der auch Kinder zugelassen waren. Er zauberte mit einem Geldstück; er ließ die Krone verschwinden und immer wieder zum Vorschein kommen. Zum Schluss sagte er zum Publikum: »Ich werde jetzt das Geldstück unsichtbar in den Zuschauerraum werfen. Wer plötzlich einen leichten Schlag verspürt, soll bitte aufstehen!«

Er tat so, als ob er die Mark in den Zuschauerraum werfen würde. Ein kleiner Junge in der dritten Reihe sprang auf, und Hanussen bat ihn, auf die Bühne zu kommen. Der Knabe hieß Karliček und war der Sohn des Kellners, der Hanussen in seinem Hotel bediente. Hanussen arbeitete mit Karliček zusammen. Er hatte ihm schon im Hotel eine Krone gegeben. Karliček sollte sie auf Hanussens Befehl aus der Jackentasche holen, so, als ob Hanussen das Geldstück dorthin gezaubert hätte. Aber Karliček holte aus der Tasche nur Kleingeld heraus, achtzig Heller. Er hatte sich in der Pause eine Schinkensemmel gekauft.

Hanussens Name ist mit der Geschichte des Romanischen Cafés untrennbar verbunden. Er hatte hier mit einer Reitpeitsche einen anderen Stammgast und Konkurrenten, den Hellseher Max Moecke, einen SPD-Mann, gezwungen, auf einem Tisch Kasatschok zu tanzen. Die beiden waren Todfeinde und politische Gegner. Hanussen, der immer leugnete, Jude zu sein, gab eine okkultistische Zeitschrift mit dem Titel »Die andere Welt« heraus, in der er Hitlers Sieg prophezeite. Er freundete sich mit führenden Nationalsozialisten an und lief sogar in SA-Uniform herum. Moecke zeigte ihn an, und nun kam Hanussen in seiner braunen Uniform, von einigen SA-Leuten begleitet, und jagte Moecke mit seiner Peitsche auf den Tisch. Hier musste der Arme tanzen, dreimal Kikeriki rufen und dann »Heil Hitler!« schreien.

Hanussen wurde im März des Jahres 1933 im Scala-Varieté noch vor seinem Auftritt von SA-Leuten verschleppt und in einem Wald in der Nähe Berlins hinterrücks erschossen.

Manchmal stellte der Kaffeehausbesitzer Fiering eigenhändig ein übergroßes Schild auf einen Tisch. Das Schild verkündete:

Reserviert
für ein Mitglied der Preußischen Akademie,
für den Kurator der Physikalisch Technischen Reichsanstalt
und für den Direktor des Astrophysikalischen Instituts der Kaiser-Wilhelm-Gesellschaft.

Der Tisch war in Wirklichkeit nur für einen Menschen reserviert, der aber berechtigt war, diese drei Titel zu tragen: für Albert Einstein. Es wurde von Einsteins gutem Freund, dem Zwölfton-Komponisten Arnold Schönberg, angefertigt, eigentlich nur als Scherz. Schönberg rief jedes Mal, wenn er mit Einstein im »Romanischen« verabredet war, den Besitzer an und ließ mit Hilfe des Schildes einen Tisch reservieren. Zuerst lachte Einstein, dann aber ließ er es jedes Mal entfernen. Er sagte: »Hier will ich Mensch sein und kein Gehirnakrobat.«

Das Menschsein bestand darin, dass er mit allen hübschen Frauen, deren er ansichtig wurde, flirtete. Er hatte, obwohl verheiratet, sehr viel Erfolg bei Frauen, den er auch reichlich ausnützte. Er bekam den Spitznamen: »der relative Ehemann«.

Der Komponist
Arnold Schönberg, 1926

Heute weiß man nur noch von ihm, dass er der Begründer der allgemeinen Relativitätstheorie war, wofür er aber nicht den Nobelpreis bekam, wie viele annehmen. Er erhielt ihn 1921 für Physik.

»Ich verleihe ihm auch einen Preis«, tönte die schöne Helene (die im vorigen Kapitel ausführlich geschildert wurde). Sie behauptete stolz, Albert »vernascht« zu haben. Möglich war es schon, obwohl Einstein unter Freunden des Öfteren betonte: »Ich betrüge Antonia nur ungern.«

Für diejenigen, die es nicht wissen sollten; Einsteins Frau hieß Elsa. Antonia war der Vorname einer Witwe, die in Wannsee wohnte und mit Einstein jahrelang befreundet war.

Einmal fragte Schönberg bei einem gemeinsamen Abendessen in der Weiss-Csárda: »Ob dich Antonia wirklich liebt, Albert?«

Einstein zuckte die Achseln: »Die Gans, die ich jetzt esse, liebt mich auch nicht, und ich genieße sie trotzdem.«

Der Physiker
Albert Einstein, 1924

Eine Freundin seiner Frau machte ihm einmal wegen seiner Seitensprünge Vorwürfe: »Wenn Sie mein Mann wären, würde ich Ihnen Gift in den Kaffee tun.«

Einstein lächelte: »Wenn ich Ihr Mann wäre, würde ich ihn trinken.«

Einstein spielte leidenschaftlich gern Geige. Er war überhaupt ein sehr musikalischer Mensch, darauf gründete sich auch seine Freundschaft mit Arnold Schönberg, obwohl er kein Freund der atonalen Musik war. Dafür mochte Schönberg Einsteins Geigenspiel nicht.

Als sich die beiden kennen lernten, spielte Einstein Schönberg etwas vor. Schönberg schwieg beredt, schließlich fragte Einstein: »Na, wie war es?«

»Relativ gut«, antwortete Schönberg.

Wenn Einstein irgendwo in einer Gesellschaft erschien, kam es oft vor, dass er Kartenkunststücke vorführte und zauberte.

Mit Vorliebe zog er Markstücke aus den Busenausschnitten der Damen hervor.

Es blieb natürlich nicht aus, dass er von Journalisten oder von wissensdurstigen Männern bestürmt wurde, die Relativitätstheorie zu erklären. Einstein machte nicht einmal den Versuch einer ernsthaften Erklärung, er wusste, dass man sie sowieso nicht verstehen würde. Er flüchtete immer in scherzhafte Formulierungen: »Stellen Sie sich vor, Sie sitzen eine Stunde neben einer hübschen und geistreichen Frau, dann wird Ihnen diese Stunde wie eine Minute vorkommen. Sitzen Sie aber mit dem nackten Hintern nur eine Sekunde auf einem heißen Ofen, so wird Ihnen die Zeit sicher wie eine Stunde vorkommen.«

Bei einer solchen Gelegenheit bedrängte ihn der hartnäckige berufsmäßige Frager Egon Erwin Kisch: »Machen Sie doch bitte einen Versuch, mir Ihre Theorie zu erklären. Ich möchte so gerne daran glauben.«

Einstein lachte: »Machen Sie es so wie die Zöglinge der Kadettenanstalt in Lichterfelde mit dem Lehrsatz des Pythagoras. Sie erklären den Lehrern auf Ehrenwort, dass sie ihn glauben.«

Der große Gelehrte war immer zu Streichen aufgelegt.

Bei Schönberg gab es eine größere Gesellschaft. Einstein wettete, er könne sich, ohne den Mantel auszuziehen, seiner Smokingjacke entledigen. Mit Verrenkungen, die er teilweise auf dem Boden vollführte, zog Einstein seine völlig zerknüllte Jacke tatsächlich aus. Die Gäste applaudierten, Frau Einstein seufzte: »Das macht er neuerdings bei jeder Party. Und zu Hause übt er. Die Jacke habe ich schon hundertmal gebügelt.«

Auch seine Freunde verschonte er nicht mit seinen Scherzen. Max Planck, dem Präsidenten der Kaiser-Wilhelm-Gesellschaft, der ihn aus der Schweiz nach Berlin geholt hatte und der immer mit lang herunterbaumelnden Schnürsenkeln herumging, band er einmal heimlich im Restaurant Lutter und Wegner die Schuhe an das Stuhlbein.

Einstein war sehr bescheiden und ziemlich anspruchslos. Als er einmal mit einer wichtigen Forschungsarbeit beschäftigt war, wollte man ihn gegen viel Geld für einen Vortrag nach Amerika holen. Einstein lehnte ab. Schließlich rief ihn der amerikanische Botschafter an und verdoppelte die angebotene Summe. Aber Einstein lehnte erneut ab: »Ich kann meine Zeit nicht damit vertrödeln, Geld zu verdienen.«

Einstein war in Berlin sehr populär, er wurde oft von wildfremden Leuten auf der Straße gegrüßt.

Warum die guten Leute ehrfürchtig ihre Hüte lüfteten, wussten sie selber nicht. Mit der Relativitätstheorie konnten sie ja nichts anfangen, mit der Planckschen Quantentheorie, die Einstein wiederentwickelt hatte, ebenso wenig. Ja, selbst mit dem Nobelpreis nicht. Es kam oft vor, dass man ihn mit einem »Guten Tag, Herr Nobel« begrüßte.

Seine Volkstümlichkeit ist wahrscheinlich damit zu erklären, dass sein Konterfei Tag für Tag in den Zeitungen erschien. Anfang der zwanziger Jahre war das noch unüblich, denn die Tageszeitungen fingen damals erst an, auch Fotos zu bringen.

Wie dem auch sei, Einsteins Gelehrtenkopf war unzähligen Berlinern bekannt, nur dem Schaffner eines Autobusses der Linie 2 nicht, mit dem Einstein in eine Auseinandersetzung geriet. Einstein hatte kein Kleingeld und musste mit einem Zehnmarkschein bezahlen. Da brummte der Schaffner schon und gab zu wenig Wechselgeld heraus. Wenigstens glaubte Einstein das und protestierte.

Die beiden stritten sich eine Weile, bis Einstein auf Drängen des Schaffners noch mal nachzählte und feststellen musste, dass der Schaffner im Recht war. Als Einstein bei der nächsten Haltestelle ausstieg, rief der Schaffner dem Erfinder der Relativitätstheorie nach: »Lass dir dein Schulgeld zurückzahlen, wenn sie dir das Rechnen nicht beigebracht haben!«

Der Architekt Erich Mendelsohn hatte auf dem Brauhaushang bei Potsdam für Einstein ein sechs Stockwerke hohes, weißes Observatorium errichtet. Frau Einstein besichtigte es, und die Astronomen zeigten ihr stolz ihre imponierenden Instrumente. Elsa Einstein war sehr beeindruckt und fragte: »Was machen Sie mit diesen riesigen Apparaten?«

»Wir versuchen, die Gesetze des unerforschten Universums zu ergründen und zu berechnen«, lautete die Antwort.

»Das macht mein Mann auf der Rückseite alter Briefumschläge«, sagte Elsa Einstein.

Einmal hatte sich Einstein gewaltig geirrt. Er sagte zu Max Planck: »Du wirst sehen, solange meine Theorien nicht widerlegt werden, behaupten die Deutschen, ich sei ein Deutscher, und die Franzosen und Engländer sagen, dass ich der ganzen Welt gehöre. Sollten aber meine Theorien widerlegt werden, dann werden die Franzosen und die Engländer sagen, ich sei ein Deutscher, und die Deutschen werden sagen, ich sei ein Jud.«

Hier irrte sich Einstein. Seine Theorien sind nicht widerlegt worden, aber er musste Deutschland trotzdem verlassen.

Es kam das Jahr 1933, und eines Tages erschien Deborah Pollak, die ich längere Zeit nicht gesehen hatte, im »Romanischen«. Ich wohnte seit Jahren nicht mehr bei ihr, und sie zeigte sich immer weniger im Café, bis sie ganz wegblieb.

Als ich hereinkam saß sie schon da, völlig erblondet, und plauderte mit dem Kellner Kalle.

»Das ist aber eine Überraschung, Deborah«, sagte ich zu ihr.

Sie reichte mir freundlich die Hand und protestierte lächelnd:

»Ich heiße wieder Dolores. Dolores von Werner. Ich habe wieder meinen Mädchennamen angenommen.«

Überrascht wie ich war, konnte ich nur ein dummes »Aha« hervorbringen. Deborah – pardon – Dolores, sprach weiter: »Ich bin mit dem alten von Werner verwandt, der laut Liebermann die besten Stiefel gemalt hat.«

Es folgte meinerseits ein zweites, wenig geistvolles »Aha«. Und so fuhr Deborah-Dolores weiter fort: »Mein erster Mann hieß Pollak. Sie wissen, er ist schon vor Jahren gestorben.«

Endlich fiel mir eine Bemerkung ein: »Gerade rechtzeitig.«

Dolores nickte: »Ja. Er war Jude, aber er war immer ein sehr taktvoller Mann.«

Es herrschte Schweigen. Dann eröffnete Dolores: »Ich werde bald Strake heißen. Ich heirate nächste Woche.«

»Gratuliere«, murmelte ich.

Da trat ein untersetzter Mann mit einem goldenen Parteiabzeichen im Revers an unseren Tisch. Er schien die letzten Worte von Dolores gehört zu haben, denn er sagte stolz: »Ich bin der Glückliche.«

Dolores stellte uns vor. Herr Strake musterte mich misstrauisch, bevor er mir zögernd die Hand reichte, dann forderte er seine Verlobte auf: »Komm, Dolores, das Kino fängt gleich an.«

Ich verabschiedete mich von Deborah Pollak, geborene von Werner, zukünftige Frau Strake, mit einem Handkuss, wie es sich gehört.

Mit diesem Handkuss ging für mich ein Zeitalter zu Ende.

Offenbar auch für Kalle, der immer noch neben dem Tisch stand. Er zischte mir zu: »Eine blöde Nazistin ist sie geworden.«

Um nicht mit einer Nazistin zu enden, einige Worte über Kalle. Schließlich war er eine wichtige Person, wie alle Kellner. Ohne sie hätte es kein Romanisches Café gegeben.

Kalle hieß mit vollem Namen Karl Brösecke, bezeichnete sich als Spree-Athener, sprach ein unverfälschtes Berlinerisch und bestand darauf, Kalle gerufen zu werden. Auf Karl reagierte er nicht, auf Herr Brösecke noch weniger. Im Gegensatz zu dem zweiten Karl, dem alten Herrn aus Wien, der es am liebsten hatte, wenn man ihn mit Herr Karl ansprach. Dann konnte er sogar die Tasse Kaffee schneller als in zehn Minuten servieren.

Der alte Herr Karl war politisch sehr interessiert und musste Berlin deshalb verlassen. Er nahm die Gewohnheit an, jedes Mal, wenn er den Namen Hitlers aussprach, so zu tun, als spucke er aus. Der Besitzer des »Romanischen« machte ihm deshalb Vorhaltungen. Am Mosse-Tisch machte man seinerseits Herrn Fiering Vorhaltungen, dass er seinem Kellner politische Zwänge auferlegte. Der Kaffeehausbesitzer widersprach: »Was heißt hier politisch! In einem Kaffeehaus schickt sich sowas einfach nicht.«

Karl gab ihm recht: »Ich würde auch viel lieber in einer Kneipe bedienen, wo man saftig ausspucken kann.«

Kalle war mehr künstlerisch interessiert. Er ließ sich gern Karten für Matineen schenken, denn Sonntagvormittag hatte er immer Zeit. Man gab ihm die Karten und freute sich noch am nächsten Tag über seine originelle Kritik. Über den Pantomimen Harald Kreutzberg sagte er zum Beispiel: »Wenn der ooch noch reden könnte, wär' er janz jroß.« Und über Yehudi Menuhin: »Streicht der aber nen kessen Darm!«

Schließen wir dieses Buch mit Kalle, Karl, Maxe, Otto, und wie die Kellner alle hießen, die aber nicht nur Tablettträger waren, sondern Gesprächspartner, Kreditgeber, Beichtvater und Seelentröster. Friedrich Hollaender besang sie in einem Lied, das Willi Schaeffers im Kabarett der Komiker sang. Der Titel: »Romanische Kellner«.

Ich bin nicht dumm,
Bei uns um die Gedächtniskirche rum,
Ich weiß Bescheid!
Jeder Tisch ist ein unnotierter Wert.
Der Herr hat schon zwei Glas Wasser verzehrt.
Hier steigen die Kurse, hier fallen Papiere,
Hier schwirren die Tipps durch alle Reviere:
Kortner gestiegen,
Massary – fest!
Stoffe gesucht! Wer spielt Inzest?
Kurse gesunken, Kurse gestiegen –
Es muss an der Atmosphäre liegen …
Tja – wenn die nicht wäre,
Die Atmosphäre
Um die Gedächtniskirche rum.
Was wüsste unsereiner
Denn überhaupt im Allgemeinen
Vom wirklichen Leben und von der Welt!
Ich weiß Bescheid …

Nachwort

Einen solchen geselligen Ort wie das Romanische Café gibt es heute in Berlin nicht mehr. Trotz Internet und sozialer Medien, wo sich jede und jeder nahezu mit jedem per Computer und Handy austauschen, befreunden, vernetzen kann, die so oft beschriebene Atmosphäre, die das berühmte Künstlerlokal offenbar verströmte, ist längst durch die Elektronik und Geschäftswelt ersetzt. Es gibt unheimlich viele kleine und größere Cafés in der Stadt und einige haben wohl auch den einen oder anderen berühmten Gast gesehen, doch ein öffentlicher Ort, der vor allem davon lebt, dass sich an ihm so ziemlich alle in der Stadt lebenden oder sie besuchenden bedeutenden Kunst- und Kulturproduzenten und -genießer aller Sparten einfinden, ist keines von ihnen. Solche Kaffeehäuser gehören wie Varietés und Vergnügungsparks in die sogenannten Goldenen Zwanzigerjahre.

Die Geschichte des Romanischen Cafés allerdings begann eigentlich schon mit dem Café des Westens, auch spöttisch Café Größenwahn genannt, das bereits Ende des 19. Jahrhunderts am Kurfürstendamm eröffnet wurde. Hier etablierten sich nach und nach Künstlerstammtische, hier hatte Else Lasker-Schüler ihre exzentrischen Auftritte, hier versammelten sich die anarchistische Boheme um Erich Mühsam und ebenso Schnorrer wie der Zeichner John Höxter oder der Essayist Anton Kuh, hier wurde die Idee für manche Kabarett- und Theatergründung geboren und der auch Regie führende Schauspieler Max Reinhardt begann hier sein Theaterimperium aufzubauen, hier spielten selbst die Kellner ihre wichtige Rolle, wie der Zeitungskellner, der »rote Richard«, der koordinierte, wer welche der aktuellen Zeitungen zuerst in die Hand bekam. Kurzum, hier entstand jene Melange – und das nicht nur auf die Kaffeespezialität bezogen –, also jene Mischung aus Kunst, Genie und Geist, die auf alle, die sich dazugehörig fühlten, anziehend wirkte. Davon allein konnte der Kaffeehausbesitzer nicht leben und so beschloss er, in ein größeres Lokal mit besserem Speiseangebot umzuziehen – und es wurde nicht mehr angeschrieben. Das neue Café des Westens konnte zwar vieles an den neuen Ort mitnehmen, aber nicht alle seine berühmten Gäste und die Atmosphäre, die diese erzeugten.

Der Ausbruch des Ersten Weltkrieges im Sommer 1914 hinterließ außerdem in den Kaffeehäusern seine Spuren – sie leerten sich. Auch einige der Stammgäste des Cafés des Westens wie der in Berlin geborene Kurt Tucholsky und der seit einem Jahr in Berlin lebende Egon Erwin Kisch zogen freiwillig in den Krieg fürs Vaterland. Nicht alle kehrten unversehrt zurück, die es taten waren desillusioniert. Doch irgendwie gehörten Illusionen auch ins Café.

Von den politischen Ereignissen ernüchtert, sah sich die Berliner Künstlerwelt nach einem neuen Treff-Ort um und der etablierte sich nach und nach im 1901 fertiggestellten Neuen Romanischen Haus, dort, wo heute das Europa-Center steht. Im Romanischen Café gab es bald wieder Künstlertische, eine große Terrasse, eine selten stillstehende Drehtür ins Innere sowie ein »Bassin für Schwimmer«, in dem sich bereits bekannte Persönlichkeiten versammelten, und ein »Bassin für Nichtschwimmer«, in dem sich vor allem die tummelten, die einmal zu den »Schwimmern« gehören wollten. Dabei waren die Grenzen zwischen beiden Abteilungen jedoch nicht unüberschreitbar. Man kannte sich, lernte sich kennen, war befreundet, verfeindet, gleichgültig. Es wurden große Ideen geboren, aber auch Hirngespinste, es wurde diskutiert, getratscht, gelästert, politisiert ...

Woher ich das alles weiß? Es gibt jede Menge Beschreibungen, Erinnerungen und Anekdoten von Zeitgenossen zu den Berliner Kaffeehäusern im Allgemeinen und zum Romanischen Café im Besonderen. Einer von denen, die das Romanische Café, das 1943 – das sei hier noch angemerkt – bei einem Luftangriff stark beschädigt und nach dem Krieg abgerissen wurde, also einer, der das Café mit seinen Anekdoten weiterleben ließ, ist der gebürtige Ungar Géza von Cziffra.

Als er 1923, selbst so alt wie das Jahrhundert, aus Wien nach Berlin kam, hatte er schon »Kaffeehauserfahrungen« und wurde schnell zu einem Stammgast des Romanischen Cafés. Ihn hat wie viele andere dieser besondere Ort mitgeprägt, seinen Weg in die Unterhaltungsbranche mitgeebnet. Er beschreibt das in den vorliegenden Geschichten, seiner Anekdotensammlung über die Goldenen Zwanziger. 1981 erschien der Band »Der Kuh im Kaffeehaus«, dem die vorliegenden Erzählungen entnommen sind. Allein das Personenregister weist eine beachtliche Länge aus und umfasst nahezu alle Persönlichkeiten der Berliner Kunst- und Kulturwelt, die in den zwanziger Jahren bedeutend waren. Sein kurzes Nachwort zur Anekdotensammlung lautet: »Die vielen namhaften Dichter, Schriftsteller, Stückeschreiber, Journalisten, Theaterdirektoren, Regisseure, Schauspieler und Schauspielerinnen, Zeichner, Maler, Revolutionäre, Erfinder, Schnorrer und andere Künstler, deren Namen in dieser kleinen, in Anekdoten erzählten Kulturgeschichte nicht auftauchen, sind selber daran schuld: sie waren keine Stammgäste im Café des Westens oder im Romanischen Café zu Berlin.«

Natürlich hat Géza von Cziffra nur seine persönlichen Beobachtungen und Bekanntschaften beschrieben, andere nennen noch andere Namen und andere Begebenheiten im Romanischen Café und natürlich gab es noch andere Cafés, in denen sich bekannte Künstler begegneten, wie das Café Josty am Potsdamer Platz. Oder das Lokal Schwannecke, das der Schauspieler und Regisseur Viktor Schwannecke in der Rankestraße, nahe dem Romanischen Café, eröffnete und wo dessen Gäste, wenn sie etwas essen wollten, einkehrten, denn das Speiseangebot im Romanischen soll grottenschlecht gewesen sein.

Vielleicht noch ein Wort zu den Zeichnungen in diesem Band. Sie sind nur ein Bruchteil, der Porträts, die Emil Orlik nicht nur, aber vor allem auch im Romanischen Café zeichnete. Dabei war er durchaus nicht der einzige, der die Besucher des Cafés porträtierte und karikierte. Obwohl die Fotografie längst die Runde machte, gab es nicht wenige Künstler, die ihr Gegenüber mit dem Zeichenstift festhielten.

Nicht verschwiegen werden soll, dass das, was sich heute als ein Sehnsuchtsort für Schöngeister darstellt, ein Jahrzehnt später, in den dreißiger Jahren, vollkommen veränderte. Der Vulkan brach aus, auf dem in den Goldenen Zwanzigern noch getanzt wurde, die Zeit des Nationalsozialismus begann. Viele der Stammgäste des »Romanischen« wurden von den Nazis verfolgt, gingen ins Exil, manche nahmen sich das Leben …

Trotz vieler Versuche, so etwas wie das Romanische Café wiederzubeleben, die Zeit eines solchen universalen Künstlerortes ist auch in Berlin vorbei. Doch gibt es neue vielbesuchte »locations« und es ist amüsant, die alten Geschichten zu lesen und manchen Berliner Ort mit den Erinnerungen zum Beispiel von Géza von Cziffra neu zu betrachten.

Ingrid Feix

Personen

Der Autor

Géza von Cziffra, 1926 (Aquarell von Rudolf Schlichter

Géza von Cziffra, (1900–1989). Im ungarischen Arad (heute Rumänien) geboren, kam 1923 über Budapest und Wien nach Berlin. Er arbeitete als Zeitungsredakteur, Regieassistent und Drehbuchautor. Als Stammgast im »Romanischen Café« lernte er die Künstlerszene und Geistesgrößen der 1920er Jahre kennen. 1933 kehrte er als Regisseur nach Budapest zurück und ging 1936 wieder nach Berlin und 1941 nach Wien. Nach dem Zweiten Weltkrieg gründete er in Wien eine Filmproduktionsfirma und 1952 war er Mitbegründer von Arion-Film Hamburg. Er schrieb etwa 130 Drehbücher, führte Regie und produzierte über 70 abendfüllende Musik- und Unterhaltungsfilme. Mit Filmen wie »Der himmlische Walzer« (1948), »Höllische Liebe« (1949), »Blume von Hawaii« (1953), »So ein Millionär hat's schwer« (1958), »Kriminaltango« (1960), »Der Vogelhändler« (1962) oder »Paradies der flotten Sünder« (1968) prägte er den deutschsprachigen Unterhaltungsfilm der Nachkriegszeit mit. Cziffra schrieb einige Bücher, darunter den Erinnerungsband »Kauf dir einen bunten Luftballon«. 1989 starb Cziffra in Dießen am Ammersee.